Heinrich Schreiber

Die Feen in Europa

Eine historisch-archäologische Monographie

Heinrich Schreiber

Die Feen in Europa

Eine historisch-archäologische Monographie

ISBN/EAN: 9783955640132

Auflage: 1

Erscheinungsjahr: 2013

Erscheinungsort: Bremen, Deutschland

EHV
HISTORY

Die

Feen in Europa.

Eine

historisch-archäologische Monographie

von

Dr. Heinrich Schreiber,
d. Z. Prorector an der Albert-Ludwigs-Universität zu Freiburg im Breisgau.

Freiburg im Breisgau.
Universitäts-Buchdruckerei der GEBRÜDER GROOS.

1842.

Vor allen andern Gegenständen der Natur luden Sonne und Mond zu ihrer Verehrung ein. In regelmäfsigem Laufe Tag und Nacht, und dadurch das ganze Leben des rohen Menschen beherrschend, erschienen sie demselben zu übermächtig, als dafs er es nicht versucht hätte, anbetend, von ihnen Segen zu erflehen, oder durch sie Unheil abzuwenden. Unterliegen aber auch beide Geschlechter dem Einflusse eines jeden dieser Gestirne, so mufste sich doch der Mann der Sonne, das Weib dem Monde befreundeter fühlen. Denn naturgemäfs führt der Mann, nach physischer und psychischer Eigenthümlichkeit, zeugender und zerstörender Kraft, durchdringendem Verstande und glühender Phantasie, mehr ein productives Tag- und Sonnenleben; während das Weib in feinerer Sinnlichkeit und zarter Gemüthlichkeit, in Aufnehmen, Dulden und Erhalten, in Gesundheit und Krankheit, sich mehr der Nacht und den Phasen des Mondes zuwendet. Daher kam es wohl auch, dafs in dem ursprünglichen Sabäismus die Sonne und mit ihr das Feuer die Gottheit des Mannes, der Mond mit seinem Zwielichte jene des Weibes wurde. In Uebereinstimmung mit diesem Grundzuge trat der Sonnencult offen und leicht fafslich hervor, das Lichtleben eines Helden verherrlichend von seiner Geburt bis zum höchsten Glanze, und dann wieder hinab bis zum Tode, mit aller Lust und Trauer um ihn; während dagegen der Mondcult, nicht nur der Nacht angehörend, sondern auch des Lebens Nachtseiten abspiegelnd, in geheimnifsvolles Dunkel gehüllt war. Als Folge hievon erscheint unter den Völkern, welche das Weib zur blofsen Sache herabwürdigten, nur der Sonnencult von Bedeutung; während dort, wo das Herkommen auch in dem Weibe die Persönlichkeit anerkannte, der Mondcult Wurzel fafste und bestimmte Gestaltung, sogar nach Umständen Uebergewicht erlangte.

Eigenthümlich trat bei den Urbewohnern Europa's, den keltischen Stämmen, von jeher die Achtung des Weibes und dessen vorherrschender Einflufs in dem öffentlichen Leben hervor. Dieser erscheint um so mächtiger, aber auch um so zurückschreckender, je tiefer wir in jene Vergangenheit zurückgehen, in der noch die Druidin das Vorrecht besafs, am ehernen Blutkessel Menschenopfer zu schlachten und darnach die Fragen der Nation zu entscheiden. Weniger gewaltig aber dafür um so anziehender erscheint dieser Einflufs, je mehr die Wildheit der Vorzeit gebrochen, je weiblicher das Weib wurde.

Seine höchste Glorie findet es bei diesen Stämmen in jener jungfräulich-mütterlichen Feenwelt, an die sich noch jetzt überall in phantasiereichen Bildern Erinnerung und Sage anknüpfen. Wie aber keine Glorie im Laufe der Zeit ungetrübt bleibt, so verzog sich auch, unter geänderten religiösen Vorstellungen die Fee zu jenem weiblichen Zerrbilde des Mittelalters, in welchem neuerdings der ursprüngliche Mondcult der Druidin, mit seinen nächtlichen Mysterien, wenn auch nicht mehr blutig wie einst, doch um so abentheuerlicher zurückkehrte. So bedeutungsvoll auch die christliche Kirche ihrer siegreichen Himmelskönigin, den Mond selbst unter die Füfse gelegt hatte; so mufste sie doch in dem innern Keltenlande, noch Jahrhunderte lang, mit der wilden Jagd der Diana und den vergötterten Weibern in deren Geleite, als einem angeerbten dämonischen Wahne kämpfen.

I. Aelteste Steindenkmale und damit verbundene Sagen.

Die Feen in Europa gehören ursprünglich den Kelten an; von diesen erst giengen sie, mit den sie begleitenden Sagen, an die Germanen über [1]).

Schon der Name der Fee verräth ihren keltischen Ursprung. Er ist, seiner gegenwärtigen Lautbildung nach, neu-französisch, und weiset zunächst auf das romanische Fada (italienisch Fata, spanisch Hada) zurück [2]). Wieder in engster Verbindung hiemit

[1]) Um möglichen Missverständnissen vorhinein zu begegnen, wird hier ausdrücklich bemerkt, dass es sich in dieser Abhandlung über die Feen in Europa, weder um orientalische Gin's, — welche eigenen Ursprung und eigene Wirksamkeit ausweisen; — noch um vereinzelte sogenannte weise Frauen, nach Europa später eingewanderter Völker, — namentlich der Germanen; — sondern um das System einer, bis zur Vergötterung gesteigerten Gynäkokratie (Frauenherrschaft) bei einem ganzen europäischen Urvolke handelt: ein System, wovon, — auf archäologisch-historischem Wege — nachzuweisen versucht wird, dass es nicht minder in der Nationalität des keltischen Volkes wesentlich begründet ist; als auch von demselben, — zu jeder Zeit und unter allen Verhältnissen — durchgelebt, und in den vielfältigsten Denkmalen, Sagen und Geschichten entwickelt wurde.

[2]) „Itali Fata etiamnum dicunt, Occitani Fades. — Fadas et Hadas vocant Hispanici fabularum seu romanorum scriptores". Ducange s. v. Fadus.

Altfranzösische Dichtungen nennen die Feen auch, umschreibend: Divesses, Duesses, Puceles bien eurées, Franches Puceles senées, Sapaudes (von sapere?). Belegstellen bei Grimm, deutsche Mythologie S. 232. Note 2.

„Fées, Fa-das". Vocabulaire du Patois du Velay et de la Haute Auvergne. Mémoires des Antiquaires de France. IX. 271.

steht das Lateinische Fadus (Fatus) [3]) und Fada (Fata) [4]); so wie Fatuus und Fatua und Fantua oder Fana [5]).

Zwar versichert Eccard, den Ausdruck: „Frau Faute" auch

---

[3]) „Quid dicam nescio, si verus equus fuit, aut si Fadus erat, ut homines asserunt". Gervasius Tilleberiensis apud Ducange l. c.

[4]) „Multi testantur ... se vidisse Silvanos et Pæanes, quos Incubos nominant, Galli vero Dusios dicunt; ... quosdam hujusmodi Larvarum quas Fadas nominant, amatores audivimus". Ibidem.

Martianus Capella gebraucht Fata in der Mehrzahl (also von Fatum hergeleitet) als gleichbedeutend mit Parcæ. „Per contrarium verba dicuntur, quando contra quam dicimus accipiuntur; ut Parcas dicimus Fata; quum non parcant, et lucum quum non luceat. Hoc Grammatici κατ' ἀντίφρασιν vocant". Libr. IV. S. 360. Ed. Koppii. In der Note zu dieser Stelle verweiset der Herausgeber auf: Spanhemius (de usu et præst. num. II. p. 639), Oudendorpius (ad Lucan. 7. 676) und Burmannus (ad Anthol. lat. II. p. 30 et 261).

Grimm, a. a. O. führt auch, — „als Beleg wie sehr frühe die Benennung in Italien gangbar war", — eine Stelle aus Procopius de bell. goth. I. 25 an, der eines römischen Hauses gedenkt, welches τὰ τρία φᾶτα hiess, mit der Bemerkung: οὕτω γὰρ Ῥωμαῖοι τὰς μοίρας νενομίκασι καλεῖν; mit dem Zusatze: „damals also noch Neutrum". A. a. O.

[5]) „Ipsam quoque terram, qua hominibus invia est, referciunt Longævorum chori, qui habitant silvas, nemora, lucos, lacus, fontes ac fluvios, appellanturque Panes, Fauni, Fones, Satyri, Silvani, Nymphæ, Fatui, Fatuæque vel Fantuæ vel etiam Fanæ, a quibus Fana dicta, quod soleant divinare. Hi omnes post prolixum ævum moriuntur ut homines, sed tamen et præsciendi et incursandi et nocendi habent præsentissimam potestatem". Mart. Cap. §. 167.

Bei Plinius (hist. nat. XXVII. 83) scheint der Ausdruck Fatuus das Alpdrücken zu bezeichnen, wogegen im Picenischen die Wurzel des Krautes Natrix angewendet wird. „Hac (herba) in Piceno a feminis abigunt quos mira persuasione Fatuos vocant; ego species lymphantium hoc modo animorum esse crediderim, qui tali medicamento juventur".

Der gewöhnliche Begriff von Fatuus u. Fatua, — als eines albernen wohl gar verrückten oder in Prophezeiungen ausbrechenden Menschen beiderlei Geschlechtes, — ist unstreitig kein ursprünglicher und allgemein bekannt.

bei dem Landvolke in Meifsen gehört zu haben, fügt aber zugleich bei: dafs derselbe mit den religiösen Vorstellungen und der Sprache der Kelten (also einer frühern Bevölkerung, von der auch noch Berge, Flüsse und sogar Ortschaften in Deutschland den Namen führen), übereinstimme; wie gleichfalls in Oberdeutschland die Trutte vom Alpdrücken gebraucht werde und auf die Druiden der Kelten zurückweise [6]).

Was die Bedeutung des Wortes betrifft, so wird Fatua von lateinischen Autoren, mit Beziehung auf den Mysteriendienst, — durch „Bona Dea“ erklärt [7]); ein Umstand, welcher

[6]) „Religione Celtarum veteri abolita, memoria Vatum sive Fatarum (des Fées) apud plebem in Gallia remansit, quæ id nomen Faunis fatidicis indidit; quemadmodum etiam a Druidibus ephialtem morbum, quem spectrum nocturnum esse sibi imaginantur, Germani superiores „Die Trutte“ appellant. Hecaten Germanorum sive Velledam (Frau Holde) etiam a rusticis in Misnia alicubi Frau Faute seu dominam Fautam dici, in itinere quodam expertus sum; id quod cum Celtico congruit. Et Vanda, celeberrima in Polonorum historia vates et heroina, litera n inserta, etiam ex Vatibus (Fées) veteribus efficta esse poterit; ut adeo tales vates, præter Celtas, etiam Germani et Sarmatici populi cognoverint“. Præfat. ad Leibnitii collectanea etymologica. Hanov. 1717. Pag. 8. sqq.

[7]) „Auctor est Cornelius Labeo, huic Majæ ædem Kalendis Majis dedicatam sub nomine Bonæ Deæ; et eandem esse Bonam Deam et Terram, ex ipso ritu occultiore Sacrorum doceri posse confirmat. Hanc eandem Bonam Deam, Faunamque et Opem et Fatuam pontificum libris indigitari. Bonam, quod omnium nobis ad victum bonorum causa est; Faunam, quod omni usui animantium favet; Opem, quod ipsius auxilio vita constat; Fatuam a fando, quod infantes partu editi non prius vocem edunt, quam attigerint terram. Sunt, qui dicant, hanc Deam potentiam habere Junonis, ideoque sceptrum regale in sinistra manu ei additum; eandem alii Proserpinam credunt porcaque ei rem divinam fieri, quia segetem, quam Ceres mortalibus præbuit, porca depasta est; alii Χθονίαν Ἑκάτην etc. etc.“ Macrobii Saturn. I. 12.

Auf gleiche Weise interpretirt Arnobius, adversus gentes: „Et illi cati, sapientes, prudentissimi vobis videntur, nec reprehensionis ullius, qui Faunos, qui Fatuas civitatumque Genios, qui Pausos reverentur, at-

für die etymologische Entwicklung dieses Wortes nicht ohne Belang ist. Diese geht nämlich um so sicherer zu Werke, je mehr sie — natürlich und einfach an sich selbst, — auch noch durch gleichzeitige Uebersetzungen eines Ausdruckes unterstützt wird. Nun sind aber in der keltischen Sprache, wie aus ihren noch lebenden Ueberresten hervorgeht, die Stammsilben fad, — oder gelinder angehaucht, vad, — und mad gleichbedeutend [8]); folglich

---

que Bellonas". Lugd. Bat. 1651. Libr. I. Pag. 15. — „Fauna Fatua, Fauni uxor, Bona Dea quæ dicitur; sed in vini melior et laudabilior potu". Ibid. Pag. 21. — „Faunam igitur Fatuam, Bona quæ dicitur Dea, transeamus; quam myrteis cæsam virgis, quod marito nesciente seriam meri ebiberit plenam, Sextus Clodius indicat sexto de Diis græco: signumque monstrari, quod, cum ei divinam rem mulieres faciunt, vini amphora constituatur obtecta; nec myrteas fas sit inferre Verbenas, sicuit suis scribit in Causalibus Butas". Ib. Pag. 168.

Ebenso Lactantius, de falsa Religione. I. 22. „Sed ut Pompilius apud Romanos institutor ineptarum Religionum fuit, sic ante Pompilium Faunus in Latio, qui .. et sororem suam Fatuam Faunam, eamque conjugem, consecravit; quam Gabius Bassus Fatuam nominatam tradit, quod mulieribus fata canere consuevisset ut Faunus viris. Eamdem Varro scribit, tantæ pudicitiæ fuisse, ut nemo eam quoad vixerit, præter virum suum, mas viderit, nec nomen ejus audierit. Idcirco illi mulieres in operto sacrificant et Bonam Deam nominant etc. etc."

[8]) Dieses gilt schon von den einfachsten Grundsilben Ma und Va. „Ma zâd, mon père; 'Ma mamm, ma mère etc. etc. En Léon: Va zad, Va mamm etc. etc. — Noch mehr ist dieses der Fall bei den Stammsilben Mad oder Mat, Vad oder Vat; welche in derselben Provinz jeden Augenblick wechseln, und, auf der ersten Vergleichungsstufe gleichbedeutend, auf den zwei übrigen eher auf Vat — als die eigentliche Grundsilbe — zurückweisen. „Ar bara man a zô mâd, ce pain-ci est bon. A galoun vâd her grinn, je le ferai de bon coeur. Ré vad eo é kénver hé vugale, il est trop indulgent envers ses enfans. Né két gréat mâd gant-han, il ne l'a pas bien fait. Au comparatif, gwelloc'h, meilleur. Au superlatif, gwella, le meilleur etc. etc." Le-Gonidec, dictionnaire celto-breton. s. v. Ma ou Va etc. etc.

In der deutschen Sprache besteht ein ziemlich ähnliches, jedoch der

dürfte auch eine **Fada** ursprünglich nichts anderes als eine **Mada** sein, welchen Namen sie mitunter auch wirklich führt (z. B. la Fée **Matte**): daher, in der neuern französischen Sprache ausgedrückt, eine **Bonne** (**Bona**) nach dem vollen Sinne dieses Wortes, der durch das deutsche: Wärterin oder Erzieherin keineswegs erschöpft wird. Auch dürfte es nicht übersehen werden, dafs noch jetzt in **Frankreich**, der Kinderwelt gegenüber, die Fee als eigentliche **Bonne** (Gut-Mütterchen, Huldin) auftritt; eine Vorstellungsweise, die in ihrer Einfachheit zugleich das Gepräge der Ursprünglichkeit tragen und das Gewicht der gegebenen Erklärung verstärken dürfte [9]).

Grimm leitet zwar, — wie solches gewöhnlich der Fall ist, — die **Fada** von dem **Fatum** (also von **fari**) her; kann es sich aber nicht verhehlen, dafs dieses im Grunde gegen die im Sprachgebrauche beobachtete Reihenfolge anstöfst, wornach der concrete Begriff eines Wortes dem abstracten desselben vorangeht [10]). Schon

---

Bedeutung nach schon sehr abweichendes und offenbar späteres, Begriffsverhältniss zwischen fad und matt.

9) „Aussi donna-t-on toujours aux Fées la qualification de Bonnes dans les contes, lorsque la parole leur est adressée". Mémoires de l'Academie celtique. III. 215.

Noch heut zu Tage heisst in der Bretagne eine Bonne d'enfant, Vatez ou Matez. — Id da zihuna ar Vatez, allez éveiller la servante. — Vatourc'h ou Matourc'h = chambrière etc. etc. Le-Gonidec l. c.

10) „Als die Parcæ in der Einbildung des Volks verschwunden waren, bildete die romanische Sprache (nach einem umgekehrten Hergang) aus dem sächlichen Wort ein neues persönliches, aus Fatum ein italien. Fata u. s. w." A. a. O.

Hiegegen muss jedoch bemerkt werden, dass das Wort Fata älter ist, als die romanische Sprache selbst, daher auch nicht aus ihr hervorgegangen sein kann; denn es erscheint bereits auf Inschriften und Münzen der ersten christlichen Jahrhunderte. Abgesehen davon, dass es unverkennbar mit Fatua, Fauna, Vates u. s. w. zusammenhängt und dadurch in die frühesten Zeiten der lateinischen Sprache selbst hinaufgerückt wird. Aber auch in dem Hauptelemente der romanischen d. i. in der keltischen Sprache, lag dieses Wort von jeher und zwar mit bestimmt-persönlicher Bedeutung, der Zeit nach behauptet der oder die Sprechende (Vates, Fadus oder Fada, Fatuus oder Fatua etc.), vor dem was gesprochen wird und sodann als Spruch (Fatum) objectiv besteht, die Priorität. Aber auch dem innern Gewichte nach mufste die, zur Entbindung und Pflege des Kindes selbst nöthige Person, vor einer, immerhin nur zufälligen Andeutung über das künftige Schicksal desselben, ihre Bezeichnung finden. Jedenfalls würde der Name der Fee als einer blofsen Sibylle, nur eine höchst untergeordnete Eigenschaft derselben ausdrücken; was weder der Einfachheit eines so ursprünglichen noch dem Reichthum eines so vielseitig entwickelten Begriffes angemessen wäre [11]).

Wie der Name der Fee keltisch ist, so sind es auch die Denkmale, an welche, in volksthümlicher Ueberlieferung, derselbe sich anknüpft. Dieses ist vorzugsweise in jenen Ländern der Fall, in denen man, nach der strengsten archäologischen Kritik, über die Erbauer solcher Monumente in keinem Zweifel sein kann. Wenn irgendwo, — so weit Geschichte und Sage hinaufreichen, — keltische Stämme, von fremden Zuzüglern gar nicht oder nur wenig berührt wurden; wenn dieselben noch bis auf den heutigen Tag unverkennbare Spuren des altnationalen Gepräges, in Leibesgestalt, Sprache, Tracht, Sitten und Gebräuchen behaupten: so waren es doch wohl die unbestrittenen Vorfahren der jetzigen Generationen, welche in diesen Ländern die Bauwerke der Urzeit, so colossal solche auch immer sein mögen, ausführten, und zugleich denselben für immer ein charakteristisches Merkmal ihres Nationalgeistes aufdrückten.

Charakteristisch ist es aber für den Kelten, dafs bei ihm das Weib — als Jungfrau, Gattin und Mutter, — den Central-

---

11) Letzteres dürfte auch gegen Johanneau gelten, der (Mém. de l'Acad. celt. III. 232.) in dem bretonischen fata (s'évanouir, tomber en défaillance) den Ursprung der Fee, als einer Verschwindenden findet. Auch hiemit wäre wieder nur eine Eigenschaft der Fee, aber keineswegs ihr ganzes Wesen bezeichnet.

punkt bildet, von welchem aus er am kräftigsten in Bewegung gesetzt oder gezügelt wird, und auf welchen er daher auch am geneigtesten Alles, was er hervorbringt, überträgt.

Schon Plutarch berichtet hierüber, — obgleich das zum Grunde liegende innerlich-nationale Verhältnifs nur äufserlich und zufällig auffassend, — in seiner Abhandlung, von den Tugenden der Weiber: „Ehe die Kelten über die Alpen zogen und sich in dem Theile von Italien, den sie noch jetzt bewohnen, niederliefsen, war ein heftiger Streit zwischen ihnen ausgebrochen, der auf keine Weise beigelegt werden konnte, und zu einem Bürgerkriege führte. Da traten die Weiber mitten unter die Streitenden, und als sie die Ursachen des Streites vernommen, schlichteten sie denselben mit solcher Geschicklichkeit, dafs im Ganzen, bei den Städtern sowohl wie unter den Einzelnen, die beste Freundschaft wieder hergestellt wurde. Daher von nun an die Kelten stets ihre Weiber beizogen, wenn sie über Krieg und Frieden berathschlagten, und durch sie ihre Streitigkeiten mit den Verbündeten entscheiden liefsen. So setzten sie unter Anderm in dem Vertrage mit Hannibal fest, dafs, wenn die Kelten eine Beschwerde gegen die Karthager hätten, die karthagischen Statthalter und Feldherren in Spanien entscheiden sollten; wenn aber die Karthager über die Kelten sich zu beschweren hätten, dann sollten die Weiber der Kelten entscheiden“ [12]).

Auf demselben angeerbten Uebergewichte des weiblichen Theiles der Nation, beruhte in Frankreich während des Mittelalters, die Herrschaft der Minne und ihrer Höfe über das dortige Ritterwesen; so wie, die ganze neuere Zeit hindurch, der tief gehende politische Einflufs, welchen die Frauen in diesem Lande unter allen Regierungen ausübten. Ja es läfst sich ohne Anstand behaupten, dafs alle unläugbaren spätern Erscheinungen dieser Art, aus derselben Ursache, nur in denjenigen Umwandlungen hervorgiengen, welche

---

[12]) Moralia. II. 270 sqq. Ed. Bip. Nach Bähr's Uebersetzung.

die jedesmalige Richtung der Zeit oder die weiter fortgeschrittene Bildung mit sich brachte [13]).

Daher kommt es wohl auch, dafs allenthalben, wo sich der Kelte vor dem spätern Einwanderer zurückzog oder sich unter ihm verlor, nur von Resten übermenschlicher Manneskraft, von Steinen der Riesen und ihres modernen Zerrbildes, des Teufels, die Rede ist; dafs aber da, wo der Kelte auf das Werk seiner Hände zugleich seinen Geist in ununterbrochener Tradition übertrug, vorzugsweise das Weib verherrlicht wurde, und die Feen, nebst ihrer modernen Glorie, der Himmelskönigin, es sind, welche spielend die Lasten in Bewegung setzten und aufthürmten, die jeden Betrachter mit Staunen erfüllen.

Klassischer Boden des Continentes sind in dieser Beziehung die kleinen Uferstaaten von Frankreich am atlantischen Ocean, welche Cäsar unter dem Gesammtnamen von Armorica begreift [14]). In denselben und den dazu gehörigen Inseln, als in der letzten Zufluchtstätte des Keltenthums für Gälen und Kimri, lebt noch heut zu Tage als nachhallende Wirklichkeit fort, was anderswo schon viele Jahrhunderte lang, als vermoderte Leiche einer fremden Vorzeit ausgestofsen und der Vergessenheit übergeben wurde. Daher dürfte

---

[13]) Einen Beleg zu diesem weiblichen Uebergewichte, noch bei den spätesten Nachkommen der Kelten, liefert das Gemeinderecht zu Barrége en Bigorre (Dép. des hautes Pyrenées), welches dem ältesten Kinde das Hofgut einräumt und alle nachgebornen auf ein Leibgeding beschränkt. Ist dieses Kind ein Mädchen, das zu den Jahren kommt, so wählen die Verwandten für sie einen Mann, der fortan, mit entblösstem Haupte, seine Frau bei Tische zu bedienen hat, und, — ohne vorhergegangene Erlaubniss, — erst dann, wenn sie aufgestanden ist, selbst niedersitzen und an der Seite des Meisterknechtes mit der übrigen Familie, das Essen zu sich nehmen darf. Verstösst er sich gegen dieses Herkommen und die seiner Frau schuldige Achtung, so wird er von ihren Verwandten gezüchtigt und sogar, — bei Todesgefahr, wenn er sich je wieder blicken lässt, — über die Grenze nach Spanien gejagt. Mémoires des Antiquaires de France. I. 415 sqq.

[14]) Bell. gall. V. 53. — VII. 75. - - VIII. 31.

es auch am zweckmäſsigsten sein, mit der Aufzählung der ältesten Feenmonumente und der daran geknüpften Sagen, mit diesen Gegenden anzufangen und von hier aus den Kreis zu erweitern; bis derselbe aufhört, die hieher bezüglichen stummen, aber um so ächteren Denkmale des Keltenthums zu umschlieſsen, und jene Grenze berührt, wo sich in dieses schon auswärtige, zumal religiöse Vorstellungen einmischen, und die Monumente um so getrübter werden, je mehr und lauter sie sprechen in fremder Zunge.

Feenschlösser und Feenhütten.

Die hieher gehörigen Monumente werden gewöhnlich mit dem, in der Nieder-Bretagne üblichen Ausdrucke Dolmen bezeichnet. In andern Gegenden von Frankreich heiſsen sie: Pierres couvertes, — levées, — levades, — des fées ou des fades, — Grottes des fées, — Tables des fées, — du diable etc. etc. Der Engländer nennt sie Cromlechs, der Portugiese, Antas (Thorc); im Deutschen könnte man dafür den Ausdruck Decksteine gebrauchen. Ihr Eigenthümliches besteht nämlich darin, daſs wagrechte Felsstücke, eine Decke bildend, von senkrechten auf die schmalen Seite gestellten, getragen werden. Bisweilen bilden sie eine gröſsere oder kleinere rückwärts geschlossene Halle, in welcher Weise sie ganz besonders als Wohnungen der Feen bezeichnet werden. Gewöhnlich tragen jedoch nur zwei oder drei Blöcke eine wagrechte auf ihnen liegende Tafel, wodurch entweder ein freier Durchgang oder eine nach vornen offene Grotte entsteht, die aber auch mitunter durch einen vierten Stein geschlossen ist; was dem Denkmale das Aussehen eines Opferaltares giebt, welches da und dort durch eingegrabene oder durch Verwitterung verursachte Furchen noch vermehrt wird. Dieses ist der eigentliche Dolmen, von welchem man noch den Halb-Dolmen unterscheidet, bei dem der Deckstein nur auf der einen Seite gestützt daher auf der andern schief gegen die Erde geneigt ist; eine Form, welche häufig durch die spätere Entfernung der einen Stütze entstanden sein dürfte.

Das grofsartigste Denkmal dieser Art, der colossalste Dolmen in Armorica und zugleich in ganz Frankreich, [15]) — der füglich als Typus für solche Bauwerke gelten dürfte, — befindet sich in der Ober-Bretagne (Département d'Ille-et-Vilaine), in der Nähe des Dorfes Essé, welches gegen sechs (französische) Meilen südöstlich von der Hauptstadt Rennes entfernt ist. Daselbst steht auf einer ziemlichen Höhe, unter welcher gegen Westen ein Bach hinrauscht, der sogenannte Feenstein (la Roche-aux-Fées). Ehedem soll die ganze Gegend mit Wald bedeckt gewesen sein; jetzt treibt der Bach eine Mühle und der Rücken des Hügels verläuft sich in Wiesengründe.

Das Monument selbst, von Südosten, — wo sich der Eingang befindet, — nach Nordwesten gerichtet, stellt sich als eine, ziemlich geradlinige gedeckte Halle von zwei und vierzig Blöcken röthlichen Granits dar [16]), wovon nur die drei ersten auf den Hauptseiten roh behauen zu sein scheinen. Vier und dreifsig von diesen Felsstücken bilden die Wände, die acht übrigen die Decke. Im Innern ist dieses Bauwerk im Ganzen 56 (Pariser-) Fufs lang, und gegen den Hintergrund 12 Fufs breit; es besteht aus einem Vorplatze und der eigentlichen Halle. Der Erstere wird von acht Pfeilern und zwei Decksteinen gebildet, und ist um ein Drittheil (gegen Westen) schmaler und um ebensoviel niederer als das eigentliche Innere. Dieses ist auf jeder Seite durch einen etwa 3 Fufs weit hervortretenden Stein von dem Vorplatze geschieden, und seinerseits wieder durch solche Stützen, welche an der östlichen Wand

---

[15]) „Ce monument druidique, est sans contredit le plus remarquable des tous ceux, que possède l'Armorique et par conséquent la France entiere". — Nachrichten darüber von: de la Houssaye, Mémoires de l'Académie celtique. T. V. P. 371 sqq. Pl. 26.; und von: de la Pillaye, Mém. des Antiquaires de France. XII. 95 sqq.

[16]) „Nulle pierre ne convient mieux ainsi que le Granit, pour ces sortes de monuments, en raison de la grandeur des masses, dont ses bancs se composent". de la Pillaye. P. 99.

hervortreten, in vier ungleiche Räume, gewissermassen Halb-Zellen getheilt, wovon der Raum im Hintergrunde, — der durch eine einzige 5 Fufs hohe Quertafel dicht abgeschlossen wird, — der gröfste ist. Ob diese Zellen, die Licht und Wärme durch die Steinöffnnungen auf der Westseite empfiengen, nicht durch noch mehr Pfeiler von einander getrennt waren, wurde bis jetzt noch nicht näher untersucht. Nur so viel bemerkte man, dafs ein kleinerer Felsblock im Innern umgestürzt auf dem Boden liegt, und dafs dieser theilweise von Schatzgräbern durchgewühlt ist. Auch sollen zwei grofse Steine (Berceau und Poëlon genannt) in eine benachbarte Meierei gebracht und daselbst verwendet worden sein.

Der Volkssage nach erhoben die Feen, als die Erbauerinnen dieses riesenhaften Dolmen, die dazu nöthigen Felsstücke auf der gegen zwei (französ.) Meilen weit entlegenen Marien-Heide [17]. Jede von ihnen trug zwei auf einmal, das eine auf dem Kopfe, das andere in der Schürze. Die Hände hatten sie frei und benützten solche um an der Spindel zu spinnen, womit sie fortfuhren bis sie ihre Bürde bei dem Dolmen oder, wie der Landmann es nennt, auf dem Steinfelde ablegten. Als die Fee, welche den Bau vollführte, zu Ende war, rief sie ihren Schwestern zu, dafs sie keiner Materialien mehr bedürfe; und diese, obgleich zwei Meilen weit entfernt, hörten doch den Ruf und liefsen die Steine fallen, die sich nun senkrecht tief in die Erde pflanzten und zu Menhir's (wovon später) wurden. Spannen die Feen nicht, so trugen sie vier Steine auf einmal.

Uebrigens waren diese Feen gutmüthig und nahmen sich besonders der Kinder an, deren Schicksal sie sogar vorher verkündeten [18]. In die Häuser der Nachbarn stiegen sie durch das Kamin, kehrten

---

[17]) De la Pillaye dagegen versichert, diese Felsstücke müssten aus dem Forste du Teil genommen sein, obgleich sich allerdings mehre Menhirs von 12 bis 15 Fuss Höhe auf der genannten Heide befänden.

[18]) „Ces fées, ajoute la tradition populaire, prenaient un soin particulier des petits enfants, dont elles pronostiquaient même le sort futur". De la Pillaye. S. 100.

wohl auch durch dasselbe zurück. Daher kam es, daſs sich einst die Unvorsichtigste unter ihnen verbrannte und ein Schmerzgeschrei ausstieſs, auf welches alle Feen im Canton zusammenliefen.

Täuschen lassen sie sich nicht; denn als ein Mann die Kleidung seiner Frau anzog und bei der Ankunft der Fee des Kindes pflegte, erkannte ihn diese sogleich, verwies ihm seinen Betrug und strafte ihn [19]). Mit Recht hat man die Heide, welche die Feen besuchten, der Jungfrau und Mutter Maria gewidmet; denn, wie diese es ist, so waren auch jene Gegenstand der gröſsten Verehrung [20]).

So weit die einfache Volkssage, welche sich auf einen besondern, etwa religiösen Zweck dieses Dolmen gar nicht einläſst, sondern dessen Erbauerinnen zugleich als seine Bewohnerinnen ansieht, und deſshalb von jeher der Phantasie der Besucher einen freien Spielraum eröffnete. Die Meisten finden in ihm einen Druidentempel und vermuthen, daſs sich die Priester während des Cultus oder nach demselben in die Halb-Zellen zurückgezogen hätten. Zu gröſsern Versammlungen ist aber offenbar dieser Dolmen zu klein und überdieſs wurde, so viel wir wissen, der ganze Druiden-Cult im Freien gefeiert. Dagegen scheint dieses Bauwerk zu einer dauernden Wohnung von Waldfrauen ganz geeignet, mochte wohl auch, unter Mitwirkung der Einsamkeit und des Zwielichtes eine wirklich überraschende Feerei hervorgebracht haben. Ueberdieſs gieng schon in ältester Zeit von den Armorikanischen Druidinnen die Sage, daſs sie ihre heiligen Gebäude und Wohnungen selbst aufführten, oder — was bei solchen Steinwerken wohl dasselbe besagt, — unter ihrem unmittelbaren Einflusse aufführen lieſsen. Strabo berichtet von einer Insel vor der Mündung der Loire, die nur von Weibern bewohnt werde, bei denen es reli-

---

19) „Non dit-elle, tu n'es point la belle d'hier au soir; tu ne files ni ne vogues ni ton fuseau n'enveloppes (c'est-à-dire ne se recouvre de fil). Pour le punir, elle se borna à changer en pois les pommes qui cuisaient au feu“. L. c. 101.

20) „Puisqu'elles étaient pareillement l'objet de la plus grande vénération“. L. c.

giöse Sitte sei, jährlich einmal das Dach ihres Heiligthums abzunehmen und dasselbe, noch vor Sonnenuntergang, wieder herzustellen, wobei jede mithelfen müsse. Diejenige, welche etwas fallen lasse, werde von den Uebrigen zerrissen. Diese trügen sodann, unter wildem Geschrei die Stücke von ihr um das Gebäude herum, und hörten nicht eher auf, bis ihre Raserei nachlasse. Jedesmal ereigne es sich, daſs Einer dieses Loos wiederfahre [21]).

Pomponius Mela weiſs von einem Orakel auf der Insel Sena (Sein, gegenüber von Quimper), mit neun wundersam begabten Jungfrauen als Vorsteherinnen. Diese verstünden es, durch Zaubergesänge Meer und Stürme aufzuregen, sich in jedes beliebige Thier zu verwandeln, zu heilen, was anderswo unheilbar sei und die Zukunft zu verkünden u. s. w. [22]).

Auch von dem Belenus-Berge bei Dol (Départ. d'Ille-et-Vilaine), geht bis auf den heutigen Tag die Sage, daſs daselbst ein Collegium von Druidinnen, auf ähnliche Weise, wie auf der Insel Sena, bestanden habe. Später wurde der Berg mit einer Kapelle des Erzengels Michael, des Siegers über die höllischen Mächte, gekrönt und derselben eine Benedictiner-Abtei beigegeben [23]).

Allenthalben in Armorica führen Denkmale und Sagen auf die Druidinnen und deren edlere und verschönerte Form, die Feen, und zwar in Versammlungen zurück.

Wie die obere, so besitzt auch die niedere Bretagne, eine Anzahl colossaler Dolmen. Mehre derselben gruppieren sich um das jetzt elende Dörfchen Lokmariaker (Loc-Maria-kaer, Lieb-

---

[21]) Geograph. IV. 4. 6.

[22]) De situ orbis. III. 6.

[23]) „La montagne fut habitée par un collége de Druidesses, dont la régle était l'inverse dé celle des Vestales romaines. — Les pélerinages n'ont discontinué qu'à la révolution. C'était une mode pieuse chez les jeunes maris, de n'approcher de leurs nouvelles épouses qu'à leur retour etc. etc. Baudouin, sur l'Armorique et les Armoricains anciens et modernes". Mém. de l'Acad. celt. V. 145 sqq.

Frauen-Zelle, Depart. du Morbihan), welches auf einer Landzunge den Golf von Morbihan beherrscht [24]). Auch hier begegnen wir, gegenüber von den letzten Häusern des Dörfchens einem grofsen, leider verstümmelten Dolmen, welchen das Volk Men-ar-groah, Stein der Alten (Grauen), oder der Fee nennt. Er ist 63 Fufs lang und sein Inneres war in zwei Kammern getheilt. Die Plattform bestand aus sechs Steinen, wovon einer allein 36 Fufs Länge hatte [25]). Unfern davon trägt ein anderer grofser Dolmen, dessen Decke aus drei ungeheuern Felsstücken besteht, den Namen Kadoret des Gälen und scheint hiedurch anzuzeigen, dafs solche Steinmassen auch zu Wohnungen von Druiden gedient haben [26]).

Der merkwürdigste Dolmen jedoch in dieser Gegend, — der zierlicher als gewöhnlich und zugleich durch Zeichnungen geschmückt ist, — erhebt sich unmittelbar am Eingange in den Golf selbst. Derselbe besteht aus dreifsig Stütz- und vierzehn flachen Decksteinen (wefshalb er auch den Namen les Pierres plates führt), welche zusammen einen schmalen 63 Fufs langen und 5 Fufs hohen Gang bilden, an dessen Ende sich eine geschlossene Zelle von 4½ Fufs im Quadrat anreiht. Dem Umstand, dafs dieser Dolmen

---

24) Freminville, sur les monumens Druidiques du Départ. du Morbihan. Mém. des Antiq. de France. VIII. 128 sqq.

25) L. c. P. 150 sqq. Der Verfasser macht hiebei die Bemerkung: „Dans toutes les dénominations ou traditions bretonnes, où il est question des ces groah ou fées, il parait très-probable, qu'il s'agissait de Druidesses".

26) „Beaucoup de traditions portent à croir, que les Druides habitaient d'ordinaire sous les dolmens de grandes dimensions. Le nom de celui-ci peut faire penser, qu'il fut habité par un pontife du nom de Kadoret (nom propre très-commun en Bretagne), et que ce Kadoret était surnommé le Gallois ou le Gaulois, parce qu'il n'était pas né dans l'Armorique. Encore aujourd'hui, les Bretons désignent les Français des autres provinces par l'épithète de Gall (Gaulois), qu'ils ne s'appliquent jamais à eux-mêmes". L. c. 141.

Letzteres ist sehr begreiflich, da die jetzigen Bewohner der Nieder-Bretagne zu den keltischen Kimri gehören.

bis zur Platform verschüttet war, ist allein seine gute Erhaltung zu verdanken. Er wurde in neuerer Zeit ausgegraben und überraschte besonders durch seine mysteriösen Darstellungen, welche bis jetzt noch keine Deutung gefunden haben [27]).

Nicht minder berühmt als diese und andere Dolmen von Armorica ist jener der alten Turonen, welcher ausdrücklich den Namen Feenschlofs (Château ou Maison des Fées) führt [28]). Er liegt drei (franz.) Meilen nordwestlich von Tours im Bann der Gemeinde Saint-Antoine du Rocher (Départ. d'Indre et Loire). Auch bei demselben zeigt sich die, wie es scheint als Regel beobachtete, Abtheilung in Vorplatz und Inneres, wovon jedoch der Erstere gelitten zu haben scheint. Derselbe ist 9 Fufs lang, das Innere 21 lang, 9 breit und 7 hoch. Tragsteine sind 11, Decksteine 3; theilweise sehr colossal, zu 500 — 800 und noch mehr Centnern angeschlagen.

Majestätisch erhebt sich jetzt dieser Dolmen auf einem weiten Fruchtfelde. Die Landleute versichern davon: drei Jungfrauen hätten dieses Schlofs in einer Nacht aufgeführt; wer es zerstören wollte, würde im nämlichen Jahre sterben. Ohnehin bringe man die Steine nicht hinweg, denn wenn man sie auch fortgeschafft habe, so kämen sie in der folgenden Nacht wieder zurück [29]).

Gehen wir nun von den gröfsern und zusammengesetzten Deck-

---

27) Freminville, l. c. P. 152 sqq. Pl. 3. — „Peut-être ce dolmen était-il la demeure d'un Archidruïde et l'autel métropolitain de tout le canton de Dariorig". Ib. P. 154.

Ueber ein ähnliches, aber weit roheres und älteres Monument dieser Art auf der Insel Guernsey, findet sich ein Bericht in der Archæologia britannica. XVII. 254 sqq. Mit Plan und Aufriss.

28) Johanneau, sur un temple du culte druidique appelé le Château, la Maison ou la Grotte des Fées etc. Mém. de l'Acad. celtique. V. 396 sqq.

29) „Les paysans de ce canton croient encore et m'ont dit sérieusement, que ce sont trois filles qui ont bâti ce château en une nuit; qu'on mourrait dans l'année si on le détruisait; qu'on ne peut pas en enlever les pierres; que si on les enlevait elles reviendraient dans la nuit". L. c. P. 411 sqq.

steinen zu deren **einfachen** Form über, und heben wir bei der kaum übersehbaren Anzahl dieser Monumente nur diejenigen heraus, welche, zur Seite des Feenschlosses für die **Feenhütte** besonders charakteristisch sind.

Bei dem Hafen von **Guérande** (Départ. de la Loire-Inférieure), an der Strafse von Nantes in diese Stadt, steht ein Dolmen, **Feenstein** (Pierre des Fées) genannt, in dessen Ritzen noch jetzt röthliche Wolle, in Flittergold gewickelt, niedergelegt wird. Es ist die verschämte Gabe von Jungfrauen, um durch die Huld der Bewohnerin dieses Decksteines, noch im nämlichen Jahre verehlicht zu werden [30]).

Im Banne von **Saint-Mars-de-Coutais** (dasselbe Dép.) lehnt sich eine ungeheure Steintafel rückwärts an eine Felsenwand, vorwärts wird sie von zwei Steinblöcken getragen. Man kennt sie nur unter dem Namen des **Feensaales** (Salle des Fées [31]).

Der mächtigste Dolmen im Bezirke von **Cognac** (Départ. de la Charente) besteht in einem Granitblocke auf drei Stützen, von dem die Sage geht: die Jungfrau **Maria** selbst habe diesen Stein auf ihrem Kopfe und dazu noch die vier Pfeiler in ihrer Schürze getragen; von den letztern aber einen fallen lassen, wefshalb nur noch drei übrig geblieben. Dieser Deckstein hat eine hohe Lage, man geniefst von ihm eine lachende Aussicht auf das alte Gebiet der Santonen [32]). Ein anderer Dolmen, im Bezirke von **Ruffec** an der

---

30) Mém. des Antiq. de France. V. IX.

31) Mém. de l'Acad. celt. V. 144.

32) „Les gens du pays prétendent, que la **sainte Vierge** apporta cette pierre énorme sur sa tête; qu'elle avait en même temps les quatre piliers dans son tablier, mais qu'elle en laissa tomber un dans la mare de Saint-Fort, c'est-à-dire en traversant la petite rivière de Ney, et qu'en conséquence il n'en resta plus que trois. Cette pierre, ainsi que toutes les autres de la même nature, est placée dans un lieu élevé. Etant dessus, l'on découvre, du côté de la Saintonge, un pays du plus riant aspect". Mém. d. Antiq. de France. VII. 31.

Grenze von Angoulême (dasselbe Départ.), führt den Namen des Feenhauses (Maison des Fées) [33]. Eine sogenannte Feenhütte (Cabane des Fées) liegt in der Nähe von Felletin (Départ. de la Creuse [34]). Bei dem Dorfe Langeac (Départ. de la haute Loire) liegt die Thioula dous Fadas auf einem mit Tannen bewachsenen Berge. Drei Feen, blond und blafs, kamen auf dieser Stelle zusammen und brachten, ihre Spindel drehend, die Steine auf dem Kopfe [35]). Unweit davon, an der Strafse von Clermont nach Puy, liegt das Steinfeld der Feen (Champ des pierres de Fages). Auch hier erhebt sich ein Feenstein (Peyra dous Fadas), dessen Tafel und Stützen eine Fee, spinnend, auf dem Kopfe herbeitrug [36]).

Wie die Bretagne, so ist, obgleich weit davon entfernt, das Vivarais, im ehemaligen Languedoc (Départ. de l'Ardèche), mit keltischen Denkmalen übersäet. Nicht weniger als drei und siebzig Dolmen fallen auf den kleinen Umkreis von zwei (franz.) Meilen. Bisweilen stehen sie vereinzelt, gewöhnlicher aber in Gruppen beisammen, ohne dafs eine Regelmäfsigkeit dabei wahrzunehmen wäre. Das gemeine Volk bezeichnet sie als Wohnungen der Feen (Maisons des Fées). Mitunter giebt man ihnen den Namen Erse [37]).

Auch in Lothringen sind die Feensteine (Pierres des Fées) so häufig, dafs Pasquier und Moréry sich sogar veranlafst fanden, die eigentliche Heimath der Feen (le berceau des Fées) in diese

---

33) Das. S. 36 ff.

34) Mém. de l'Académie celt. V. 375.

35) „On raconte que trois Fées, blondes et pâles s'assemblaient dans cet endroit, et que venant y filer leur quenouille, elles y avaient apporté ces pierres sur leur tête". Mém. d. Antiq. de France. VIII. 283.

36) Das. S. 284.

37) Mém. d. Antiq. de France. XV. VI.

Den neuesten Bericht über die Nachgrabung unter einem Dolmen auf der Insel Jersey, nebst zwei Ansichten desselben, liefert die Archæologia britannica. XXVIII. 461. „Cromlech, excavated near the Castle of Mount Orgueul in Jersey 1839".

Provinz zu verlegen. Noch im XIV. und XV. Jahrhundert waren daselbst die Feensagen unter allen Klassen der Gesellschaft verbreitet; und es wurde bekanntlich als eine Hauptbeschuldigung gegen die Jungfrau von Orleans erhoben, mit einer Fee vertrauten Umgang gepflogen zu haben.

Feen-Spindeln und Schwungsteine.

Die sogenannten Spindeln und Kunkeln der Feen gehören zu jener Art von keltischen Denkmalen, welche man in der Bretagne am häufigsten mit dem Ausdrucke Menhir (Pierres longues; Men, Mean ou Maen pierre et hir ou hirr long) bezeichnet, der jetzt allgemein dafür angenommen ist. Sie werden zwar daselbst auch mitunter Peulvan genannt, aber dieses Wort bezeichnet schon den engern Begriff eines Bildsteines (Peul pilier et Van ou Man figure, personnage). In andern Gegenden von Frankreich heifst ein solcher Stein: Pierre fichade, — fiche, — fixe, — faite, — fitte, — roche courbeire, — haute borne etc. etc. Der Engländer und Schotte nennt ihn Lech; im Deutschen könnte man sich des Ausdruckes Spitzstein bedienen.

In allen ursprünglichen Keltenländern ist diese Art von Monumenten bei weitem die häufigste. Gemarkungen und Dorfschaften tragen den Namen davon [38]); man bediente sich ihrer als Grenzsteine; und, wenn auch das Christenthum gegen sehr viele, zumal die Bildsteine, schonungslos zu Felde zog, so erhöhte es um so bereitwilliger auf manchen das Zeichen des siegreichen Kreuzes [39]).

---

38) „Les dictionnaires offrent quatorze communes en France, du seul nom de Pierrefitte". Mém. d. Antiq. VIII. 13.

39) „Quelques-unes converties depuis en croix informes, comme dans les Côtes-du-Nord, le Morbihan, ou surmontées d'une petite croix en fer qui y a été adoptée, marquent la transition d'un culte à un autre d'une manière aussi sûr, que le sont les fondemens d'édifices païens qu'on trouve sous les constructions de quelques-unes de nos églises chrétiennes". Ibid. II. 26. — XII. 102 etc.

Auch hier ist es wieder das alte Armorica, welches sich durch den Reichthum dieser Denkmale und zwar in nächster Beziehung zu der Feenwelt, auszeichnet. Schon oben wurde bei dem Schlofs von Essé bemerkt, dafs die Feen jene Steine, die zum Baue nicht mehr nöthig waren, abschüttelten; worauf solche, tief in die Erde gepflanzt, zu Menhir's wurden. Anderswo tragen die Feen, oder an ihrer Stelle die Jungfrau Maria, diese Steine auf dem kleinen Finger und setzen sie irgendwo spielend hin. Wie die obere, so ist auch die untere Bretagne mit solchen Steinen bedeckt [40]), welche mitunter zu wirklichen Bildsteinen, — jetzt häufig Kephaloiden (Kopfsteine) genannt, — werden. Alte Ueberlieferungen knüpfen sich daran, und der gemeine Mann betrachtet noch immer die darauf angebrachten rohen Gestalten mit Verehrung. Offenbar gehören diese Peulvan's der jüngsten Periode der Menhir's an, und machen den Uebergang von diesen zu den eigentlichen Bildwerken [41]).

---

40) „Les landes, les bruyères et les côtes du Morbihan, sont couvertes de Menhirs, soit plantés isolément, soit réunis en groupes". Fréminville l. c. VIII. 140.

41) „M. de la Pilaye vous a signalé un fragment de rocher remarquable par une configuration humaine très bien caractérisée; il est située près de Crozon (Finistère). On voit aussi, a-t-il dit, dans l'île de Sein et dans l'île Dieu d'autres rochers à forme humaine, auxquels l'art paraît complétement étranger, mais qui paraissent avoir été l'objet d'un culte. Certaines traditions superstitieuses y sont attachées et les habitants du voisinage ne les regardent qu'avec vénération. M. de la Pilaye a placé sous vos yeux les dessins de trois autres monuments de la Bretagne; l'un est une pierre brute, terminée par une tête de femme grossièrement sculptée, elle se trouve dans les landes voisines de Grand-Champs, près d'Ardeven (Morbihan), on la désigne sous le nom de an Mamsell (la Demoiselle). Les deux autres, nommés le Babouin et la Babouine, sont aussi des pierres longues ou Menhirs, offrant à leur partie supérieure d'informes figures humaines. Vous avez pensé, que ces monuments, auxquels votre correspondant a donné le nom de Céphaloïdes, appartiennent à cette époque de transition où les formes abruptes du Menhir, si révérées de nos pères, commencèrent à disparaître sous le ciseau encore inhabile du sculp-

Die Höhe der gewöhnlichen Menhir's wechselt von 5 bis gegen 60 Fufs. Der gröfste, bisher bekannte, mifst 58 (franz.) Fufs. Er läfst sich mit zwei Kegeln vergleichen, die mit ihrer Basis an einander gefügt sind, defshalb in der Mitte den gröfsten Durchmesser haben und unten wie oben in eine Spitze auslaufen [42]).

Dem Ausdrucke: Feenspindel (Quenouille à la bonne femme) begegnen wir schon in der Ober-Bretagne [43]). Derselbe wiederholt sich, unter Andern, auf eine sehr ausgezeichnete Weise, zwischen Chavannes und Simandre, wo zwei Departements (du Jura et de l'Ain) zusammenstofsen. Daselbst bildet diese Spindel (Quenouille de la Fée) die uralte Grenzmarke des Königreiches Burgund [44]). Die Fee selbst (la Fau, nach dem Dialekte der Gegend) hatte sie unter ihrem Arme gebracht und hingestellt [45]). Eine ähnliche Land-Marke in der ehemaligen Grafschaft Dachsburg (Départ. du bas Rhin), die Kunkel genannt, trennt Elsafs von Lothringen. Sie ist einundzwanzig Fufs hoch, und, wie gewöhnlich, in der Mitte viel dicker als an den Enden; wodurch sie allerdings einer riesenhaften Spindel mit aufgewickeltem Gespinnste sich annähert [46]).

---

teur, pour faire place aux traits conventionnels que l'on donna aux dieux". Rapport sur les travaux de la Société des Antiq. de France en 1837. T. XIV. P. LXXII.

[42]) Fréminville l. c. VIII. 149 sqq.

[43]) Mém. de l'Acad. celt. III. 224. — Im Départ. de la Lozère: Fuseau des Fées etc. etc. Mém. d. Antiq. d. Fr. XII. 86.

[44]) „C'étaient les limites des rois de Bourgogne, suivant la chronique de Saint-Claude: Sunt in fine Tabennarum duo lapides erecti, quibus dicti principatus fuere divisi; nam aqua Ennæ terminat a parte orientali regnum Burgundiæ a regno Arelatensi". Mém. de l'Acad. celt. IV. 478.

[45]) „C'était la Fau, qui l'avait apportée sous son bras, et qui l'avait plantée là". Mém. de Antiq. de France. IV. 409.

[46]) „Sed jam ex Vogesi sinu ad occidentale ejus latus, extremitatemque Dagisburgici Comitatus, sive ad confinia Alsatiæ Lotharingiæque descendimus. Eberswilla ibi, vicus insignis est, quem Sara, in divi Quirini montanis orta, ratium ferendarum jam capax, alluit. Haud procul ab amoeno hoc et divite vico, obelisci quædam species visitur, lapis nimirum

In dem baierischen Rheinkreise setzen sich diese Monumente fort. Eines davon, in der Nähe von Blieskastel führt den Namen Goldenstein, das andere, bei Rendrisch, den Namen Spilstein oder ohne Zusatz Spil. Bekanntlich ist Spil nichts anderes als das im Dialekt verkürzte Spindel; folglich dieser Menhir dasselbe was ein Spindelstein [47]).

Die Schwungsteine (Pierres branlantes) bilden eine eigene Abtheilung unter den keltischen Denkmalen. Das gemeine Volk in Frankreich nennt sie gewöhnlich: Roche branlaire, Pierre qui croule, qui danse; auch Pierre Martine (lo Peyro Martino [48]). In England heifst der Schwungstein Rocking-Stone und Great upon little (Grofs auf klein); in Dänemark, Rokkestene. Meistentheils besteht er aus zwei (selten aus mehr) Felsstücken, wovon das obere so gleichgewichtig auf das untere gestützt ist, dafs es durch den geringsten Stofs, oft schon durch den Wind, auf kürzere oder längere Zeit in schwingende Bewegung geräth.

---

continuus, unum et viginti pedes longus, quem accolæ Germani Kunckel, Colum, appellant. Infima pars ejus quinque pedes latitudinis, duos cum semipede crassitudinis habet. Latitudo obelisci pedetentim diminuitur ita, ut in medio quatuor, in summo tres tantum pedes expleat, tandemque in apicem desinat. Ad utrumque ejus latus duo similes ejusdem formæ obelisci steterunt, quorum autem sola pars infima superest etc. etc.“ Schöpflini Alsatia illustrata. I. 530.

47) Hétzrodt, sur le Culte des Pierres chez les anciens Gaulois. Mém. de l'Acad. celt. V. 345 sqq. — Ein ähnlicher Spil- d. i. Spindel-Stein (und nicht Spilzstein, wie er unrichtig gedruckt und noch unrichtiger durch Pierre pointue — als hiesse er Spitzstein — erklärt ist) findet sich auf den Vogesen, im Dép. du Bas-Rhin, in dem Forste westwärts vom Schlosse Lichtenberg. Mém. d. Antiq. d. France. XII. 3.

48) „Les noms de Martin, Martinville, Marte, Martre, Martrel, Mortorey, Martroy, Morterol, Mortrey, Mortery etc. etc. indiquent les lieux où les morts étaient enterrés et les criminels exécutés; ils ont du rapport avec le mot martyr etc. etc.“ Dulaure, des monuments celtiques appelés pierres branlantes. Mém. d. Antiq. d. France. XII. 89.

Steine dieser Art kommen häufig in Begleitung anderer keltischen Denkmale vor, und werden von dem gemeinen Volke durch besondere Verehrung ausgezeichnet. Unfern von Clermont bei dem Dorfe Mont-la-Côte (Dép. du Puy-de-Dôme) befindet sich ein solcher Schwungstein, welchen die Jungfrau Maria selbst, an der Spindel spinnend, in ihrer Schürze herbeigetragen und so, wie man ihn gegenwärtig sieht, niedergelegt haben soll [49]). Er besteht aus einer ungeheuern Granitmasse, welche, auf einer kleinern Unterlage ruhend, von Westen her angestofsen, sogleich in Bewegung geräth. Dabei würden fünfzig Personen keine mächtigeren Schwingungen hervorbringen als ein einziges Kind. Diese Masse neigt sich so sehr gegen Osten, dafs sie jeden Augenblick in das Thal von Cey, welches sie beherrscht, hinabzustürzen droht. Sie ist ungefähr 20 Fufs lang und mit Flechten überkleidet.

Ein gleichfalls colossaler Schwungstein, sechs (franz.) Meilen von Blois (Dép. de Loir-et-Cher) führt den Namen Mitternachtstein (Pierre de Minuit). Von ihm geht die Sage, dafs er sich nur einmal jährlich und zwar um Mitternacht in der heiligen Nacht in Bewegung setze; dafs dieses von den Feen und Zauberern welche sich dort versammeln, bewirkt werde; und dafs Jeder augenblicklich des Todes wäre, der es dann wagte sich zu nähern [50]).

Dieselbe Scheu trägt das Volk vor einem solchen Steine in den Pyrenäen. Sobald er in Bewegung gesetzt wird, entstehen Stürme und Ungewitter [51])

Lieblicher ist die Sage von dem oscillirenden Felscolosse bei Livernon, am Ufer des Lot. Wer unter denselben, ohne gesehen zu werden, Blumen niederlegen kann, der bleibt vom Fieber befreit [52]).

---

[49]) „Les habitants du voisinage attachent à cette pierre quelques idées religieuses. C'est, disent-ils, la sainte Vierge qui, en filant sa quenouille, apporta de fort loin cette pierre dans son tablier, et la posa telle qu'on la voit aujourd'hui etc. etc." L. c. 85 sqq.

[50]) Mém. d. l'Acad. celt. IV. 305 sqq.

[51]) Mém. d. Antiq. d. Fr. XII. 81.

[52]) Ibid. 90 sqq.

Der Schwungstein bei Jaudet in der Bretagne, Roc'hweréhet (Jungfrauenstein) genannt, scheint auf eine Art Gottesurtheil in den ältesten Zeiten hinzudeuten [53]).

Münter berichtet von einigen Schwungsteinen im Norden, wovon sich einer in Norwegen, zwei auf der Insel Bornholm befinden. Letztere liegen, nicht weit von einander entfernt, auf den höchsten Punkten der Insel und zwar jeder auf zwei Unterlagen. Es ist kaum daran zu zweifeln, dafs diese Denkmale älter als der Cult des germanischen Odin sind und daher auch, nebst andern vielfältigen Ueberresten, auf eine frühere Bevölkerung des Nordens durch keltische Völkerschaften hinweisen.

Feentänze. Feengärten. Feenstrafsen.

Die Monumente, welche den Namen Feentänze und Feengärten, — häufig auch Druidenkreise (Cercles druidiques) — führen, gehören in die Reihe politischer oder religiöser Versammlungsörter. Sie kommen seltener in Frankreich, als in England und im Norden vor.

Ein Denkmal dieser Art, von dem gemeinen Volke Tanz oder Hochzeit (Danses en français et Neuches ou Noces en patois) genannt, befindet sich in der Nähe der Seestadt Boulogne, wo es eine weite Ebene beherrscht [54]). Der kleine Hügel auf dem es liegt, mifst seiner Länge nach von Osten nach Westen 40 Metres, seiner Breite nach von Norden nach Süden 20 Metres. Auf dieser Fläche sind unbehauene Felsstücke, die sämmtlich ihre Namen haben, sowohl einzeln zerstreut als in kleinern oder gröfsern Gruppen vereinigt. Westwärts, ziemlich abgesondert, stehen die Spielleute; um die

---

53) „Le charletanisme du ministre la rendait probablement à son gré remuable ou immobile, et le résultat, avantageux au sacerdoce druidique, était de tenir dans sa dépendance un sexe, dont l'influence est si grande dans la société". Mém. d. l'Acad. celt. III. 217.

54) Henry, notice sur un Mallus ou Sanctuaire druidique, vulgairement nommé les Danses etc. etc. Mém. de l'Acad. celt. V. 321 sqq.

Bafsgeige drängen sich einige Kinder. Die Tänzer selbst nehmen in dichten Schaaren die Nordseite und die Mitte ein; ostwärts lagern sich die Zuschauer zerstreut auf dem Rasen umher.

Wohl unterrichtete Landleute versichern: in uralter Zeit hätten die Feen auf diesem Hügel ihre nächtlichen Feste gefeiert. Da sei es aber einmal geschehen, dafs sie bei der stürmischen Fröhlichkeit des Tanzes die ihnen gegönnte Zeit, den Hahnenruf, unbeachtet gelassen hätten. Urplötzlich seien Alle in Steine verwandelt worden.

Andere, deren Erinnerung nicht so weit hinaufreicht, finden in diesen Felsstücken eine christlich-kirchliche Strafe. Es habe sich nämlich hier eine Hochzeit in wildem Taumel umhergetrieben, als eben der Geistliche das Sacrament zu einem Sterbenden getragen. In Folge ihrer Geringschätzung desselben erlitten alle Anwesenden die Umgestaltung, welche noch jetzt Schauer erweckt [55]).

Ein Feengarten (Jardin des Fées) krönt eine Höhe der Vogesen über dem Breuschthal, bei den Dörfern Vische und Lützelhausen [56]). Der Kreis hat ungefähr hundert Schritte im Durchmesser; auf der einen Seite wird er durch Platten und abgeflachte Felsstücke, auf der andern durch eine trockene Steinmauer gebildet. Darin liegen unbehauene Felsstücke untereinander; einige von länglichter Form, scheinen einst aufgerichtet gewesen zu sein. In einiger Entfernung von diesem Feengarten, jedoch höher als derselbe, ragt, aus Felspfeilern von der Natur gebildet, der colossale Dreifuss hervor, welchen das gemeine Volk Thürgestell nennt, da vom Thale herauf nur zwei Pfeiler an der Bergwand sichtbar sind.

Nichts weniger als auffallend ist es, dafs die später eingewanderte deutsche Bevölkerung diesseits der Vogesen gar nichts von den Feensagen zu kennen scheint, womit sich jenseits derselben die Nachkommen der Urbewohner (in der Seelenzahl überwie-

---

[55]) L. c. P. 323 sqq.

[56]) Schweighæuser, Mémoire sur les Monuments celtiques du Départ. du Bas-Rhin. Mém. d. Antiq. d. Fr. XII. 3 sqq.

gend) so sehr beschäftigen [57]). Diese versichern, die Feen hätten es sogar beabsichtet, nicht weit von dem sogenannten Steinthore, eine Brücke über das Breuschthal zu werfen; ihre Macht habe jedoch aufgehört, ehe sie mit dem Werke zu Stande gekommen. Man streitet sogar über die Frage: ob die Feen wirklich gestorben und daher für immer verschwunden, oder ob sie nur eingeschlafen seien und eines Tages ihre alte Macht wieder behaupten werden.

Auch mit den Strafsen der ältesten Periode, — seien nun diese von keltischen Urbewohnern selbst oder von Römern durch Hilfe derselben gebaut, — beschäftigen sich die Feen. Häufig werden dieselben als ihr Werk, als eigentliche Feenstrafsen, angesehen.

Von Blain, sieben (franz.) Meilen von Nantes (Départ. de la Loire-Inférieure) laufen ebensoviel gepflästerte alte Strafsen aus, deren Wölbung noch jetzt, besonders auf den Heiden bemerkbar ist, und in deren Bau sich eine dichte Lage von dem dort sehr seltenen Kies befindet. Das gemeine Volk schreibt alle diese Strafsen entweder den Feen oder der guten Herzogin Anna (à la bonne duchesse Anne) zu; welch letzterer Umstand, wegen des achtungsvollen Parallelismus auch hier nicht zu übersehen ist [58]).

Aehnliches ist im Pays de Caux (Dép. de la Seine-Inférieure) der Fall. Daselbst läuft sogar eine alte, — wahrscheinlich römische — Strafse unter der Erde fort, deren Zug man nur am Stande des Getreides auf den Feldern wahrnehmen kann; auch diese wird den wohlthätigen Feen als Erbauerinnen zugeschrieben [59]).

---

[57]) „Il est assez remarquable, que la population allemande semble ignorer totalement toutes les traditions relatives aux fées; tandis que la population française s'en occupe beaucoup". L. c. P. 5 etc. etc.

[58]) Mém. d. Antiq. d. Fr. VII. XXVI sqq. — Der Berichterstatter (Notaire Bizeuil zu Blain) hält diese Strassen sämmtlich für römisch; was auch kaum zu bezweifeln ist, obgleich Blain erst i. J. 843 als Vicus Blanii in den bretonischen Chroniken vorkommt. Uebrigens handelt es sich im Obigen nur um die Feen als angebliche Erbauerinnen dieser Strassen.

[59]) Mém. de l'Acad. celt. IV. 240 etc. etc.

4

Ueberhaupt spricht man gern von Feen an solchen Orten, wo Ueberbleibsel aus verschiedenen Jahrhunderten zusammengehäuft sind. Bei der Stadt Eauze (Départ. du Gers) erheben sich auf einem ovalen Hügel, welchen alte Eichen beschatten, undeutlich die Fundamente eines Gebäudes. Nachgrabungen haben zuerst Kammern mit Steinplatten, einen mit Kohlen bedeckten Herd, Knochen von Schafen, Hirschen, Schweinen, Sicheln deren man sich noch jetzt bedient u. s. w. zu Tage gefördert. Hierauf kamen korinthische Kapitäle, Steinsärge, Bronce-Dolche, Münzen aus der spätern römischen Kaiserzeit und dergleichen zum Vorschein. Alles zusammen wird das Schloſs der Fee Matte genannt, welche die Kinder verschlang, die ihr die Stadt Eauze als Abgabe entrichten muſste. Vielleicht, fügt der Berichterstatter bei, war diese schreckliche Matte eine von den gallischen Druidinnen, derer Lucan, Mela, Plinius und Andere gedenken. Unter der römischen Oberherrschaft erhob sich eine Villa auf dem Hügel, der durch alte Erinnerungen von blutigen Opfern geheiligt war. Während des Mittelalters benutzte irgend ein Adelicher die noch vorhandenen Substructionen, um auch seinerseits ein Gebäude hier aufzuführen [60]).

Feenhügel und Feenhöhlen.

Die Feenhügel sind Grabstätten (Tumuli), welche in Frankreich den Namen Tombe, Comble, Motte, Butte, Montjoie, Puyjoui; in England, Barrow führen. Dieselben stehen wohl hauptsächlich dadurch in Beziehung zur Feenwelt, daſs diese, der Sage nach, fortfährt, einst geheiligte, nun entweihte und unheimliche Stätten mit gespenstischem Gefolge nächtlich zu umschwärmen. So ist dieses unter Anderm auf der Mönchsinsel (Ile aux Moines) der Fall. Die Bewohner derselben reden

[60]) Rapport sur les travaux des Antiq. d. France. Mém. XIV. LXXIII etc. etc. Einen andern Feenthurm (Tour aux Fées), bei dem wohl ein ähnliches Verhältniss stattfindet, sieht man im Forste von Marshain bei der Stadt Mans u. s. w. Mém. de l'Acad. celt. V. 375.

mit großer Scheu von den Versammlungen der Feen, Zauberer und Zwerge (Gorrikets), boshafter Genien, denen sie übernatürliche Kräfte zuschreiben [61].

Ein wirklicher Feenhügel, le Sue des Demoiselles ou Fées genannt, befindet sich im Bezirke von Saignes (Départ. du Cantal). Als man denselben öffnete, fanden sich nebst Ueberresten eines Gerippes, feinere schwarze und grobe röthlichte Urnen-Scherben, ein broncener Dolch mit cannelirter Klinge, eine broncene Nadel u. s. w. Offenbar das Grab eines Kriegers [62].

Ein anderer solcher Tumulus, la Motte aux Fées genannt, findet sich, wie es scheint noch nicht untersucht, in der Nähe von Vihiers (Dép. de Maine et Loire [63]). Solcher Grabstätten, an denen der Namen der Feen haftet, giebt es in Frankreich sehr viele. Namentlich wurde schon in den Heldengedichten des Mittelalters die Champagne, um ihrer zahlreichen Feen-Stätten willen, besonders hervorgehoben [64].

Auch in Hochschottland werden bekanntlich die Tumuli häufig den Feen zugeschrieben. Ein solcher, 250 Fufs hoch, von dem man eine sehr schöne Aussicht geniefst, liegt bei der Stadt Inverness. Einem umgestürzten Schiffe gleichend, und fast iso-

---

[61]) „On reconnait dans ces superstitions traditionnelles la trace des efforts qu'ont fait les premiers apôtres du Christianisme, dans l'Armorique, pour inspirer à ses habitants de l'effroi et de l'éloignement pour les monuments du culte proscrit des Druides". Mém. d. Antiq. d. Fr. XV. V sqq.

[62]) Mém. d. Antiq. de France. V. 312 sqq.

[63]) Mém. d. l'Acad. celt. V. 375.

[64]) Rapport sur les travaux d. Antiq. d. Fr. pendant l'année 1835. T. XIII. P. XVI. Daselbst ist aus dem Petit Tristan, einem romantischen Epos des XIII. Jahrh. die Stelle angeführt, worin der Vater des auf Abentheuer ausgehenden Helden die dafür geeignetsten Gegenden bezeichnet:

„Il a des lieux faés ès marches de Champagne..
Et el bois Bersillant par desous la montagne,
Et non pourquant ausi en a-il en Espagne
Et tout cil leu faé sont d'Artude Bretaigne" etc. etc.

lirt aufsteigend, führt er den Namen Tom-na-heurich oder Feenhügel [65]).

Bekannt durch ihre Ueberreste des Keltenthums und die Traditionen welche daran sich knüpfen, ist die zwischen England und Irland liegende Insel Man; wefshalb es auch von Interesse sein dürfte, das hieher Gehörige aus einem neuern Reisebeschreiber auszugsweise zusammengestellt zu finden [66]).

„In der Nähe von Castletown stehen die sogenannten Riesen-Wurfsteine (Giant's-quoiting-stones), zwei sehr hohe viereckige Säulen, die beträchtlich weit von einander entfernt sind (offenbar Menhir's, die in Frankreich häufig denselben Namen: Palets de Gargantua führen). Die benachbarten Hüttenbewohner tragen sich davon mit einer wunderlichen Sage [67]).

Etwas weiter steht der Feenhügel (Fairy-Hill), ein ansehnlicher Tumulus, den die Tradition einem Könige von Man zuschreibt der hier im Zweikampfe erschlagen worden. Dieser romantische Hügel, versichern die Manken, sei immer noch der Tummelplatz der nächtlichen Zusammenkünfte der Feen.

---

[65]) Garnett, Reise in die schottischen Hochlande und einen Theil der Hebriden. Uebersetzt von Kosegarten. II. 13 ff.

[66]) Robertson, Reise durch die Insel Man. A. d. Engl. S. 63 ff.

[67]) Schade, dass der Verfasser dieselbe nicht mittheilt. Der Reisebeschreiber hat ja die Aufgabe, ein möglichst treues Gemälde des Landes und Volkes zu liefern, welches er durchwandert; und ein solches Gemälde darf nicht bloss im Allgemeinen gehalten, sondern muss in möglichst eigenthümlichen und charakteristischen Zügen, — wozu namentlich die Volkssagen gehören, — ausgeführt werden. Es ist häufig die Besorgniss, selbst für abergläubisch zu gelten, welche die trefflichsten Reisenden abhält, auch diesem Gegenstande im Volksleben die ihm gebührende Aufmerksamkeit zu widmen und das Erfahrene unbefangen mitzutheilen. Sie vergessen es dabei, dass die Sage weiter hinaufreicht als die Geschichte, und dass sie zunächst für den Alterthumsforscher wichtig ist, um das historische Gebiet entweder fester zu begründen oder neues zu gewinnen. Doch sind wir im gegenwärtigen Falle unserm Reisebeschreiber schon für dasjenige dankbar, was er uns in Betreff der Feen mitgetheilt hat.

Collins, der malerische Dichter der Natur, beschreibt Mona: „als die Insel, wo tausend Elfengestalten erscheinen"; und Dr. Langhorne sagt in einer Anmerkung zu dieser Stelle: „„Die Insel Man ist gegenwärtig fast der einzige Ort, wo man noch Wahrscheinlichkeit hat, eine Fee zu sehen"". Die Existenz derselben wird auch wirklich noch, zumal von den Gebirgsbewohnern, sehr andächtig geglaubt; und da sie denselben einen unbegrenzten Einfluſs auf die Fischerei zuschreiben, so bringen sie ihnen häufig kleine Opfer. Ein bejahrter Landmann erzählte, bei einem nächtlichen Aufenthalt in seiner Hütte, darüber Folgendes:

Es gebe noch zweierlei Feen auf der Insel, gutmüthige und schadenfrohe. Jene habe er selbst oft an schönen Sommerabenden gesehen, an Bächen und Wasserfällen sitzend, halb vom Gesträuche verdeckt, oder tanzend auf den Spitzen umliegender Gebirge. Er beschrieb sie als munter und keineswegs so klein als die englischen Feen. Den Weibern gleichen sie, sind aber viel schöner; nähert man sich ihnen, so sind sie im Augenblicke verschwunden. Das Glück der Menschen macht ihnen Freude. Die Bösen dagegen bringen Unglück und Elend. Sie leben abgesondert und allein; sind auch lange nicht so schön und so geschmückt. In Wolken oder Nebel gehüllt, wohnen sie auf schwindelnden Höhen und in den grauenvollen Klüften an den Küsten des Meeres. Oft habe er sie bei stürmischer Nacht, wie im frohlockenden Triumphe heulen hören, wenn ein Gewitter das Land verheerte oder Stürme die Schiffe an den Felsen zerschmetterten".

Feenhöhlen kommen sehr häufig in Frankreich vor; wovon manche noch in neuerer Zeit bewohnt waren [68]. Auch die Alpen der französischen Schweiz wimmeln von solchen Bewohnerinnen. Das Innere dieser Höhlen ist bisweilen mit unförmlichen,

[68]) Beschreibungen von verschiedenen solcher Höhlen finden sich unter Andern in der: Notice des vestiges des Monumens du culte Druidique etc. Mém. des Antiq. de Fr. I. 310 sqq.

durch die Zeit halb verwischten Zügen, welche wohl eine genauere Untersuchung verdienen, bedeckt [69]).

Besonders charakteristisch für das Keltenthum sind jene Rundbauten in die Erde, welche unter dem Namen der Mardelles durch ganz Frankreich bekannt, auch schon einem großen Theile nach zusammengestellt sind [70]). Sehr häufig erscheinen sie in der Normandie und in Berry, wo diese weiten aber nicht tiefen Brunnen oder Becken unter dem Namen: Mardelles, Margelles und Marges vorkommen. Sie haben das Eigene, daſs sie, mit Letten ausgeschlagen, kein Wasser einlassen, und niemals in der Tiefe sondern immer auf erhöhten Punkten der Ebene, oder an Abhängen von Hügeln liegen. Bisweilen sind sie zerstreut und einzeln, noch öfter kommen sie in untergeordneten Gruppen neben und durch einander vor, und begleiten, was hier vorzugsweise Beachtung verdient, alte, sogar zuverläſsig römische Straſsen. Druidensteine, Grabhügel u. s. w. sind in ihrer Nähe. Selten sind sie bis zu 6 oder 8, gewöhnlich nur 3 bis 4 Mètres tief; bisweilen scheinen sie mit Balken, wovon noch vermoderte Reste vorliegen, bedeckt gewesen zu sein. Man läſst sie von Feen, Zauberern, sogar vom Teufel selbst bewohnt werden; doch giebt es auch geheiligte Becken dieser Art, wie unter Andern dasjenige, worin der heilige Faustus begraben sein soll, das bis auf den heutigen Tag von Wallfahrern besucht wird.

Ueber die ursprüngliche Bestimmung dieser Mardelles wurden verschiedene Meinungen aufgestellt und auch schon zurückgewiesen. Wasserbehälter sind es nicht, denn neben ihnen sprudeln Quel-

---

69) „C'est de là, que plusieurs cavernes de nos montagnes occidentales, s'appellent encore des nos jours le Temple, la Grotte, la Baume des Fées, et passèrent longtems pour être la demeure de puissances souterraines et le rendez-vous de ces Adeptes, qui professaient les sciences occultes, connus anciennement sous le nom de Faidh etc. etc." Bridel, sur l'ancienne Mythologie des Alpes. Mém. de l'Acad. celt. V. 198 sqq.

70) De lá Villegille, sur les excavations connues sous le nom de Mardelles. Mém. d. Antiq. de France. XIV. 144 sqq.

len hervor und fließen Bäche vorüber; zu Behältern für das Getreide sind sie im Verhältnisse zur damaligen Bevölkerung zu zahlreich und zu groß. Auch läßt sich ihnen kein militärischer Zweck unterschieben, als wäre dem Feinde darin ein Hinterhalt gelegt worden. Dazu sind sie theils zu klein; theils wären sie, wegen des Angriffes von oben herab, ihren Schützlingen weit gefährlicher gewesen als den Gegnern.

Die neueste Hypothese[71]) vermuthet einen religiösen Zweck in diesen Gruben; indem sie annimmt, daß, um den ältern Götzen daraus zu verdrängen, von den Lehrern des Christenthums der Teufel mit seinem Gefolge dahin verpflanzt worden sei.

Wozu bedarf es aber so gesuchter Annahmen, da sich die einfachste Erklärung von selbst darbietet. An den Straßen, in der Nähe der Grabhügel, liegen auch die Wohnungen derjenigen, welche auf jenen wanderten und in diesen beerdigt wurden. Die Wohnungen der Kelten aber waren ursprünglich, und wohl bei dem gemeinen Volke noch unter der römischen Oberherrschaft, Rundbauten von gewöhnlichen mit Stroh gedeckten Hütten. Dieselben hatten ohne Zweifel auch Substructionen und Keller; daher diese runden Gruben, welche auf ihrem Rande noch bisweilen Spuren vermoderter Balken, und auf ihrem Grunde gewöhnlich Knochen, Kohlen, Gefäßscherben, Austerschalen, römische Leistenziegel u. s. w. als Fundstücke zeigen.

Rückblick und Uebersicht.

1. Die Feensagen sind so eigenthümlich keltisch, daß das Gebiet, in welchem sie sich bewegen, noch jetzt geographisch umschrieben werden könnte. Namentlich dürfte sich, gegen Deutschland, die Grenzmarke derselben über die Vogesen und den Jura und über die höchsten Firsten der Alpen hinziehen. Was diesseits dieser Linie liegt, kennt volksthümlich diese Sagen entweder

---

71) Von dem Verfasser des Mémoire sur les Mardelles.

gar nicht oder nur secundär; hat sie also nicht selbst erlebt sondern nur gehört oder gelesen. Wenn daher Grimm die Feen auch in die deutsche Mythologie einzuführen versucht, so zweifelt er selbst: „ob es nicht vom keltischen Glauben nachhallende weibliche Wesen seien" [72]. Weit bestimmter drückt sich Münter hierüber aus, indem er versichert: „Mit Ausnahme des Namens Drott ist in der nordischen Sprache u. s. w. nichts vorhanden, was auf Druiden (daher auch auf Feen) schliefsen läfst. Dagegen lassen sich die cimbrischen Priesterinnen mit dem, was wir von Druiden-Weibern wissen, sehr wohl vereinigen" [73]. Dieses Letztere versteht sich bei keltischen Kimri's von selbst; beweiset aber auch, wie in Ländern, wo die Urbevölkerung auszog oder von den neuen Einwanderern erdrückt wurde, auch das Andenken an dieselbe bis auf die Namen untergieng, und selbst unvertilgbare Monumente derselben aufhören verstanden zu werden und ihre Deutung anderswo finden müssen.

Innerhalb der bezeichneten Marke dagegen, — in den Ländern romanischer Zunge und weiblichen Uebergewichtes über männliche Galanterie, — gewinnen die Feen um so mehr an Auszeichnung, an Kraft und Lebendigkeit; je ungemischter sich das Urvolk irgendwo erhielt, je reiner der Kelte, Kelte geblieben ist. Daher das Vorherrschen dieser Sagen in der Bretagne, in Hochschottland u. s. w.

2. Die Feen selbst gehören der Zeit nach, — wie schon ihre edlere Gestaltung ausweiset, — dem untergehenden Druidenthum; jedoch noch innerhalb desselben, der Riesenperiode des Volkes an. Daher wechseln sie bisweilen mit Riesen und Teufeln ab. Dieselbe Art von Dolmen heifst hier Feenschlofs und anderswo Schlofs des Gargantua; dieselbe Art von Menhir, Jungfrauen-Spindel und Wurfstein des Teufels [74].

---

[72]) Deutsche Mythologie. S. 232.

[73]) Kirchengeschichte von Dänemark und Norwegen. S. 61.

[74]) Ueber den Riesen Gargantua u. s. w. Saint-Mars, tradition de l'ancien duché de Retz etc. etc. Mém. de l'Acad. celt. V. 392 etc. etc. — Bottin, rapport sur les travaux des Antiq. de France etc. III. 24 etc.

Wo nämlich eine uranfängliche und Jahrhunderte lang gepflegte Religionsform (nicht selten mit der Nationalität selbst) in einem Volke untergeht, fällt sie den Riesen anheim, an deren Stelle die (neuen) Götter treten. Daher hat eigentlich nur der germanische Norden seine Göttersagen (seine Riesen und Asen und den Codex derselben, die Edda); wo das eingewanderte Heidenthum gegen einen frühern Cult siegreich kämpfte und bis zum eigenen Untergang, — mit Land und Volk sich verschmelzend, — Jahrhunderte durchlebte. Der Süden von Deutschland kennt nur Heroen-Sagen, nur Heldenbuch und Nibelungen. Bauern im Rhein- oder Donauthale oder auf den Tirolerbergen würden Jeden auslachen, der einem Odin oder einer Freia nachfragte; dagegen wissen sie recht gut Bescheid über den Berner Dieterich und den alten Hildebrand, die wohl auch an ihrer Hütte oder am Scheunenthore abgebildet sind. Im germanischen Süden nämlich, — der unter den Römern schon christlich war, und es unter den Deutschen ohne Kampf neuerdings wurde, — kommt das Heidenthum kaum in Betracht; es hatte keine Geschichte, darum lebt es auch nicht in der Sage fort.

Dagegen hat der Kelte, in den meisten Ländern, in denen er sich noch erhielt, Beides, Götter- und Heroen-Sagen; indem Druidinnen und Druiden (als Feen und Riesen) — und mit ihnen die religiösen Vorstellungen, welche sie repräsentirten, — erst nach langen und schweren Kämpfen untergiengen. Daher sind die Göttersagen hier zugleich die ältesten und populärsten, sie gehören dem ganzen Volke an. Von dem politischen Gebäude aber, das bei den Kelten ohnehin locker war, stürzten immer nur einzelne Theile zusammen. Daher das Verstummen der Sage über den Untergang des Vercingetorix in Gallien, der in den größern Sturz des Druidenthums, — dessen Werkzeug er ohne Zweifel war, — verwickelt und darüber vergessen wurde. Fingal mit seinen Helden und Barden gehört zunächst Schottland an, wo auch sein Andenken neben Riesen und Feen, die Fingalshöhle gleichbedeutend mit dem Riesendamm, bewundert und geehrt wird. In Arthur und der Tafelrunde wurde der letzte verzweifelte Kampf der untergehenden Briten gegen die Angelsachsen verewigt. Der hl. Gral mit seiner Massenie, bewahrt die Kämpfe der Westgothen (mit keltischen Ueberresten) gegen die Sarazenen. Auf gleicher Linie steht Karl der Grofse mit seinen Pär's; doch gehört er offenbar schon mehr den Franken als den Gälen an.

3. Die alten und ächten Denkmale, woran die Feensagen mit aller Lebhaftigkeit und Innigkeit ererbter Tradition haften, sind an und für sich stumm; nämlich rohe, gröfstentheils von Hammer und Meifsel unberührte Felsblöcke, ohne Inschriften, in der Regel auch ohne Zeichnung. Wo da und dort Spuren dieser letztern erscheinen, zeigt das Monument einen schon mehr modernen Charakter. Es lag nämlich im Geiste des Druidenthums, sowohl alle äufsern Angelegenheiten mündlich zu verhandeln, als auch alle Geheimlehren im Kreise der Schüler auf gleiche Weise fortzupflanzen. Nicht als ob es die Buchstabenschrift, — die ihm ja schon von dem phokäischen Massilia her so nahe lag, — nicht gekannt hätte; es bediente sich nur derselben nicht, scheute sie vielmehr und hafste sie. Denn dieses sah eine engverbundene Priesterschaft, — die ein leichtbewegliches Volk nur durch spärliche Kenntnisse und althergebrachte Meinung beherrschte, — wohl ein, dafs sie noch mehr von der Schrift (und der daran sich knüpfenden Aufklärung) als von dem Schwerte ihren Untergang zu gewärtigen habe. So geschah es denn auch, dafs sie sich später umgekehrt derselben bemächtigte, und aus gleichem Grunde in Klöstern sorgfältig pflegte, was sie in heiligen Hainen verschmäht hatte.

4. Ihrer wesentlichen Bedeutung nach erscheinen die Feen als mütterliche Jungfrauen, mit allen, für das gemeine Volk nur denkbaren, körperlichen und geistigen Vorzügen geschmückt.

Ihr Liebreiz ist unübertroffen; schöner als eine Fee zu sein[75]),

[75]) „Pus bela que Fada". Schon von Grimm, deutsche Mythologie S. 232. Note 2 citirt.

gehört zu den Unmöglichkeiten. Nur selten wird ihrer als häfslicher alten Weiber und dann wohl nur in jener feindlichen Beziehung gedacht, welche in einer spätern Zeit gegen sie hervortritt.

Ein anderes, nicht minder bedeutungsvolles Sprichwort, rühmt ihre Geschicklichkeit. „Sie arbeitet wie eine Fee" drückt noch jetzt den höchsten Beifall aus, der einem fleifsigen und geschickten Mädchen gezollt werden kann. Dieses Arbeiten besteht übrigens zunächst nur im Spinnen mit der Spindel, welches aber in ältester Zeit als Jnbegriff aller weiblichen Kunstfertigkeit gelten mochte. Dafs die Feen zugleich eben so kühne als riesenhafte Baumeisterinnen sind, hat nur einen untergeordneten Werth und versteht sich von so vollkommenen Wesen von selbst. Dasselbe ist mit ihrem räthselhaften Erscheinen und Verschwinden, mit ihren Verwandlungen, nächtlichen Tänzen und allem Zauber, der sich an ihre Person und ihre Schlösser knüpft, so wie mit ihrem Beherrschen der Natur durch Stürme und Ungewitter u. s. w. der Fall.

Sie sind aber auch, ursprünglich und wesentlich, nicht minder geschickte Geburtshelferinnen, Ammen und Wärterinnen der Kinder; wohin sogar ihr Name selbst, seinem Wortlaute nach, sich zu beziehen scheint. Hilfreich erscheinen sie, wo eine gebährende Frau sie ruft; sie legen sogar das Kind an ihre Brust, kehren zu dessen Wiege zurück und pflegen seiner während des Schlafes oder in Abwesenheit der Mutter. Daher bittet man sie auch dankbar zu Pathen, bereitet ihnen Ehrensitze am Tische und deckt mit besonderer Aufmerksamkeit für sie u. s. w.

Indem die Feen ihre Kunst in der Geburtshilfe ausüben, zeigen sie sich zugleich als weissagende Frauen. Sie verkünden zum Voraus das Schicksal des Kindes, meistens wohlwollend; doch scheint sich gewöhnlich Eine des Vorrechtes zu bedienen, etwas Bitteres einzumischen.

Ihr mütterlicher Charakter spricht sich ganz besonders in dem Unterrichte der Kinder aus, deren Fufsstapfen man nicht selten an der Pforte des Feenschlosses eingedrückt erblickt. Daselbst gehen diese Kleinen, zumal die Mädchen, in die Schule und werden, nach Verdienst, belohnt oder bestraft. Oft genügt es schon, nur in die Nähe eines solchen gütigen Wesens gekommen zu sein, um froh, reich und weise zu werden [76]). Wie sie jeden Einzelnen, dem sie wohlwollen, sogar in weiter Entfernung beglücken — gewissermassen als Schutzgeister denselben umschweben, — so verdanken ihnen auch Gemeinwesen und ganze Länder, Schutz und Segen.

Der Zahl nach sind es an einem Orte gewöhnlich drei Feen (tre Fate), selten mehr (sieben oder dreizehn), bisweilen eine einzige. Zwischen ihnen waltet ein schwesterliches Verhältnifs ob; welches auch, wo es irgendwo Noth thut, die Feen ganzer Bezirke, zur gegenseitigen Unterstützung zusammenführt. Dieses Verhältnifs läfst zugleich auf einen, in dem keltischen Weibe tief begründeten, daher auch von jeher unter ihm weit verbreiteten Schwesternbund, — oder, wenn man lieber will auf ein, von der ältesten Zeit hergebrachtes Frauen-Collegium mit hierarchischer Einrichtung, — schliefsen.

Die Verehrung für die Feen ist eben so allgemein als unbegrenzt. Es giebt wohl kaum einen stärkern Ausdruck dafür, als dafs an die Stelle der mütterlichen Jungfrauen des Druidenthums, die jungfräuliche Mutter des Christenthums, in allen jenen Ländern, wo keltische Nationalität noch jetzt vorkommt, eingetreten ist.

---

76) Diu Frouwe de la roche bise
(vom schwarzen Felsen)
Die gesach Nieman, er schiede
dan vrô, riche unde wise. Grimm, a. a. O.

II. Spätere Monumente mit Abbildungen und Inschriften.

Steine mit Inschriften auf altkeltischem Grund und Boden rühren entweder von Fremden selbst her, oder wurden doch unter dem Einflusse fremder Sprache und Vorstellungen, von Einheimischen gefertiget.

Die Sprache der Inschriften auf diesen Steinen ist die lateinische. Die römischen Oberherren verstanden nämlich ihren Vortheil zu gut, als dafs sie nicht auch die innere Kraft besiegter Völker, von Seite eines Hauptträgers derselben, der Nationalsprache, gebrochen hätten. Dieses geschah, namentlich bei den Kelten, nicht nur dadurch, dafs sie deren kampflustige Jugend unter ihre Legionen einreihten und in fremde Länder verlegten; sondern auch, und zwar vorzugsweise dadurch, dafs sie deren Vaterland mit italienischen Truppen und Beamten überschwemmten, die lateinische Sprache zur Geschäftssprache, zumal bei den Gerichtshöfen erhoben, und sich der Schulen bemächtigten, worin fortan ein feiner lateinischer Ausdruck und die Nachahmung fremder Muster in demselben, als höchste Aufgabe behandelt wurde. Dadurch kam es, dafs die eigentliche Muttersprache, — der äufsern Mittel zu ihrer Erhebung und Fortbildung beraubt, — immer mehr dem gemeinen Manne anheimfiel und als „Lingua rustica" [1]) verachtet wurde; während die fremde Sprache den höhern Umgang, die öffentlichen Verhandlungen und die Schrift beherrschte. Bald schämten sich auch die

[1]) „Quia nostri sic rure loquuntur". — „In loco, qui rustico vocabulo Villalupe vocatur". — „Ornamentum quod erat in sex unciis auri, dependens a genibus, et quod nos lingua rustica Labiellos vocamus etc. etc." Ducange, præfat. ad Gloss. Lat. med. ævi.

besten Köpfe, wie unter Andern Martialis, nur die Gegenden und Ortschaften ihrer Heimath in ihren Gedichten zu nennen [2]); oder zürnten, wie Apollinaris, dafs der Rost gemeiner Barbarismen den Purpur edeln lateinischen Ausdruckes beflecke [3]).

Wie mit der Nationalsprache, so gieng es auch mit den Nationalvorstellungen, welche sich bei den Kelten in dem religiösen Mittelpunkte vereinigten. Schon Cäsar hatte denselben, nach seiner Weise kurz aber treffend bezeichnet [4]). Gegen solche Vorstellungen wendete der Römer nichts ein, so lange sie keine Kräftigung und Erhebung eines besiegten Volkes herbeiführten, sondern vielmehr dazu mitwirkten, dasselbe (durch Thorheiten oder Ausschweifungen) sittlich und bürgerlich untüchtig zu machen. In diesem Falle nahm er sogar selbst, — mit einer nur zu sehr gerühmten Toleranz, — die betreffenden fremden Gottheiten in seinen Cultus auf und errichtete ihnen Altäre und Tempel.

Anders aber verhielt es sich mit den Kelten, deren nationale Selbstständigkeit so eng mit dem Druidismus verbunden war, als einst jene der Hebräer mit den Prophetenschulen und dem Jehova, welchen diese repräsentirten. Zwar hatte schon Cäsar die politische Macht dieser, früher allgewaltigen Hierarchie dadurch untergraben, dafs er einzelne Häuptlinge aus dem Adel an die Spitze ihrer Landsleute stellte; wodurch sie eben so sehr zu Freunden Rom's [5]), — ohne demselben bei ihrer Eifersucht und Schwäche ge-

---

[2]) Hæc tam rustica, delicate lector, rides nomina? — Rideas licebit. Epigr. IV. 55.

[3]) Sic omnes nobilium sermonum Purpuræ per incuriam vulgi decolorabuntur. Epist. II. 10.

[4]) „Natio est omnis Gallorum admodum dedita Religionibus etc. etc." Bell. gall. VI. 16.

[5]) Gewöhnlich wurden sie auch mit dem Titel: „Amici populi Romani" beehrt. Nachweisungen über einige dieser sogenannten Reguli finden sich in dem Aufsatze des Verfassers über „die Metallringe der Kelten als Schmuck und Geld". Taschenb. f. Gesch. u. Alterth. in Süddeutschland. II. 124.

fährlich zu werden, — als zu Feinden ihres eigenen Vaterlandes wurden. Aber dessen ungeachtet hatte der Druidismus noch immer einen zu vielseitigen und zu wichtigen Einfluss, als dafs es nicht zur Maxime Rom's werden mufste, denselben gänzlich zu unterdrücken.

Mit gewohnter Vorsicht wagte Augustus noch nicht mehr, als den römischen Bürgern, — deren es, bei der Freigebigkeit mit diesem Bürgerrechte, bald sehr viele gab, — die Theilnahme an einem, für den Staat so gefährlichen Cult zu verbieten. Wie streng hierauf gehalten wurde, beweiset unter Anderm, die an einem römischen Ritter vollzogene Todesstrafe, weil derselbe ein sogenanntes Schlangenei, das für einen druidischen Talisman galt, bei sich getragen hatte [6]). Claudius fühlte sich aber schon stark genug, den Druidismus selbst, — angeblich wegen dessen Unmenschlichkeit, die doch in andern Ländern übersehen wurde, — gänzlich abzuschaffen [7]). Der wahre und eigentliche Grund lag aber wohl darin, dafs der Druidismus die Fäden aller Schilderhebungen der Nation gegen ihre Oberherren, in sich vereinigte und leitete. Daher wurde auch gegen ihn jener Vertilgungskampf geführt, der sich mit seiner Vertreibung von dem festen Lande endigte.

Daran läfst sich jedoch kaum zweifeln, dafs dieser schweren Schläge ungeachtet ein, in dem keltischen Volke so tief begründetes, von den Urvätern ererbtes, durch den Glauben geheiligtes Institut, an das sich überdiefs glorreiche Erinnerungen aus der Vorzeit knüpften, nicht einmal in Gallien völlig untergieng; sondern dafs es vielmehr daselbst aus der furchtbaren Bluttaufe, — nur

---

[6]) „Habentem id (ovum anguineum) in lite in sinu, equitem romanum e Vocontiis, a divo Claudio principe, interemptum non ob aliud sciam“. Plin. hist. nat. XXIX. 12.

[7]) „Druidarum Religionem apud Gallos diræ immanitatis, et tantum Civibus sub Augusto interdictam, penitus abolevit. Contra sacra Eleusina etiam transferre ex Attica Romam conatus est etc. etc.“ Suetonius V. 25. — „Tiberii Cæsaris principatus sustulit Druidas et hoc genus Vatum, Medicorumque“. Plin. l. c. XXX. 4.

unter veränderten, wohl auch milderen und zeitgemäfseren Formen, — und zwar zunächst unter dem weiblichen Geschlechte, neu hervortrat oder vielmehr fortbestand; da dieses, — dem Feinde im Schlachtgewühle selbst nicht begegnend, — dessen Besorgnifs auch in geringerem Mafse erregt haben mochte.

Eben so wenig dürfte aber auch daran zu zweifeln sein, dafs diese Wiedergeburt oder dieser Fortbestand möglichst geheim gehalten, und kaum der Name der Druidin zur Bezeichnung eines Frauencollegiums verwendet wurde. Derselbe scheint auch wirklich in dieser Bedeutung, so viel bis jetzt bekannt ist, ein einziges Mal auf einer zu Metz gefundenen Ara, und zwar von der Vorsteherin eines solchen Collegiums, vorzukommen [8]).

Mochte daher der einheimische oder der in die Fremde geschleuderte Kelte (Letzterer sogar mit einer Art Heimweh) noch so sehr an den altehrwürdigen Institutionen seines Volkes hängen, er war doch genöthigt, sich, von seinen Oberherren überwacht, für die Gegenstände seiner Verehrung, Gefühle, Wünsche, Bitten u. s. w. derjenigen Vorstellungs- und Ausdrucks-Weisen zu bedienen, die ihn und seine Sache am wenigsten verdächtigten; daher auch den Römern am geläufigsten, oder vielmehr aus dem Umkreise ihres Cultus selbst entlehnt waren. Bisweilen mochte die Eitelkeit dieses erleichtern; um dadurch für gebildet oder doch für nicht zurückgeblieben hinter der neuern Zeit und feinern Welt zu gelten. Endlich mochte auch da und dort den jüngern Generationen die Vergangenheit ihrer Heimath schon so verklungen sein, dafs ihnen solche nur als unbestimmtes Nebelbild vorschwebte und erst in fremdartigen, neuen Formen, Gestaltung erhielt.

Die hieher gehörigen bildlichen Vorstellungen und üblichen Ausdrucksweisen aber, welche die Kelten bei ihren Oberherren vorfanden,

---

[8]) Die Inschrift lautet: SILVANO || SACR || ET. NYMPHIS. LOCI || ARETE. DRVIS || ANTISTITA || SOMNO. MONITA || D — Metis, in tabula ædium Clerevantiarum. Grut. LXII. 9. — Orelli 2200.

bezogen sich theils auf den Eintritt in das Leben und den Schutz darin, wohin die Römer ihre Junonen verlegten; theils auf Ahnung und Verkündung künftigen Schicksals, welches sie durch ihre Parcen überwachten; theils auf ländliche Wohnung, Sitte, Gaben u. s. w., wofür sie ihre Nymphen, Wald- und Feldgötter u. s. w. hatten. Absichtlich oder unwillkührlich mochte nun der Kelte solche, ihm an und für sich fremdartige Wesen, in den Kreis jener mütterlichen Jungfrauen und jungfräulichen Mütter einmischen, deren Verehrung für ihn zugleich Erinnerung und Wirklichkeit war.

Lassen wir nun auch diese, durch Bild und Schrift sprechenden Monumente des alten Keltenbodens, an uns vorübergehen.

Junones.

Ihrer ursprünglichen Bedeutung nach gehören die Junonen unter diejenigen Gottheiten, welche den Gebährenden Beistand leisten; hiemit verband sich später auch der Begriff des Schutzes, womit sie, zunächst das weibliche Geschlecht [9]), in weiterer Beziehung aber auch das männliche und ganze Völker überwachten.

Dem Hauptbegriffe nach fallen daher die Junonen mit den Ilithyien zusammen, denen, wie schon Böttiger aus Pausanias schlagend nachwies, [10]) die griechische Stammsage eine zweifache Abkunft zueignete. „Unweit der Kapelle des Serapis, — so berichtet nämlich Pausanias unter den Sehenswürdigkeiten Athens, — ist der Ilithyia ein Tempel gebaut, die von den Hyperbo-

[9]) Ueber das Verhältniss der Junonen zu den Genien, spricht sich unter Andern Fabretti aus: Inscriptionum antiquarum, quæ in ædibus paternis asservantur, explicatio. Romæ 1702. Pag. 73 sqq.

[10]) „Ilithyia oder die Hexe. Ein archäologisches Fragment nach Lessing". Kleine Schriften, archäologischen und antiquarischen Inhalts. Gesammelt und herausgegeben von Sillig. I. Bd. S. 61 ff. mit einer Abbildung auf Taf. I.

Dieser Arbeit Böttiger's gebührt mit Recht die vollste Anerkennung, welche ihr der Verfasser der Untersuchung über die Feen der Kelten, hiemit auch, zumal in Bezug auf das Ganze, dankbarst entrichtet; so abweichend seine Ansichten davon in manchem Einzelnen sind.

räern kommend, der kreisenden (— von der jüngern und siegreichen Juno verfolgten, —) Latona in Delos Hilfe leistete. Von ihnen erst, wie die Delier versichern, lernten die übrigen Griechen den Namen dieser Göttin kennen. Noch jetzt opfern die Delier der Ilithyia und singen ihr den Hymnus des Olen".

„Dagegen meinen aber die Kreter, sie sei in der Gegend von Knosos zu Amnisos geboren, und eine Tochter der Juno" [11]).

Hienach gehört die ältere und eigentliche Ilithyia den Hyperboräern, — also einer, jedenfalls von der Germanischen verschiedenen Völkerschaft — an, und ist im eigentlichen Griechenland eine Fremde. Der, von Pausanias angeführte Hymnus des Olen bezeichnet sie noch ferner als: „Mutter des Eros" [12]) — (nach der orphischen Kosmogonie, die grofse Mutter) — und als: „Gute Spinnerin, wodurch er habe andeuten wollen, dafs die Ilithyia älter als die Schicksalsgöttin und als Kronos sei" [13]).

Es ist hier der Ort nicht, auf die Hyperboräer selbst und deren Lage näher einzugehen [14]); nur in Betreff des Namens der

---

[11]) Græc. descript. I. 18.

[12]) Pausan. IX. 27.

[13]) Idem. VIII. 21.

[14]) Böttiger findet in ihnen „Küstenbewohner des schwarzen Meeres" (a. a. O. S. 68); Voss, mythologische Briefe (II. 171 ff.) Küstenbewohner des atlantischen Oceans. So viel ist zuverlässig, dass nach diesen beiden Seiten hin, ost- und westwärts, Kelten wohnten.

Insbesondere bemerkt Voss von den westlichen Hyperboräern:

„Wie Herodot die westlichen Hyperboräer und Rhipäen, woher der Ister zu kommen geglaubt wurde, mit dem neueren Namen Kelten und Pyrrhene nannte; so beschreibt noch der Chier Skymnos die Kelten, die ihm vom Westen des Erdkreises bis Nordwest wohnen, gleich den alten Hyperboräern:

Die Kelten sind hellenischer Gebräuche froh,
Zutraulichkeit ausübend gegen Hellas Volk;
Mit Musik begehen sie festliche Versammlungen,
Nacheifernd ihr, der holden Lebensmilderung.

Daher Mnaseas beim Scholiasten des Apollonius (II. 677) wohl nicht

Ilithyia dürfte auf jene keltischen Münzen aufmerksam gemacht werden, welche, — obgleich häufig stumm, — nicht selten das Wort: „Illycci“ ganz deutlich auf der Rückseite führen. Der Avers enthält einen, gewöhnlich rechts sehenden mit Diadem und Halsring geschmückten Kopf; der Revers, nebst dem bemerkten Worte, oder ohne dasselbe, einen stehenden Vogel (selten zwei) nebst Pentagon, aufgerollter Schlange, Halbmond u. s. w. [15]).

„Schon früher hatte sich, — bemerkt Böttiger a. a. O. — der Dienst einer Gottheit in Kleinasien verbreitet, die man als Symbol der gebährenden und allernährenden Kraft in der Natur ansah. Der Mond ist ihr Sinnbild am Himmel; denn er empfängt die Sonnenstrahlen und fördert die Erzeugung und das Wachsthum auf Erden. In Scythien wurde sie die Stiergöttin, die taurische. In Kleinasien, wo sie sich zugleich mit dem Dienste der phrygischen Cybele verband [16]), die grofse Mutter mit den vielen Brüsten. Ihr Hauptsitz war Ephesus. Mit dem spätern Dienste des kretischen Zwillingspaares, der Kinder der Latona verschmolzen, wurde die Artemis der Griechen, die Diana der Römer daraus. — Die Hyperboräerin ist also keine andere, als die grofse Geburtsgöttin selbst, die nachmalige Diana von Ephesus. Auch sie ist die lichtbringende Lucina im Himmel und auf Erden.“

---

anders zu verstehen ist, als dass die Hyperboräer jetzt Kelten genannt werden etc. etc.“

[15]) Eigene Sammlung des Verfassers. Nachrichten in: Revue de la Numismatique françoise 1836. P. 386 sqq. Mémoire sur des Médailles gauloises trouvés près d'Artenay (Loiret). Pl. X. Nr. 1 et 2. - - Ibid. 1837 Page 81 etc. etc. Pl. III. — Conbrouse, catalogue raisonné des monnaies nationales de France. P. 33 et 44 etc.

Die Abbildung einer solchen Münze bei Montfaucon, l'Antiquité expliquée, Tome III. Pl. LII a la Page 88. ist ganz misslungen.

[16]) Beachtenswerth erscheint hier der Dienst der Gallen, in hierarchischer Unterordnung unter ihrem Archigallus; ein Dienst, der die Männlichkeit ganz verläugnend, eben so bestimmt auf einen ursprünglich weiblichen Cult, als schon seiner Bezeichnung nach, auf dasjenige Volk hinweisen möchte, mit welchem er denselben Namen führt.

Die jüngere heimathlich-griechische Ilithyia, ist, — so weit es dem Geiste der Nation zusagte, — der ältern und fremden Hyperboräerin nachgebildet. Sie wird von Jupiter und Juno, den Stammgöttern der olympischen Götter-Dynastie, auf Kreta, wo sie noch in Grotten (Steinbauten?) wohnen, aus denen sie erst später in den Olymp übergehen, erzeugt:

„Dort in Amnisos Strom, wo der Ilithyia Geklüft ist“ [17]).

Von nun an erscheint, im modernen griechischen Mythos, die Ilithyia stets im Gefolge ihrer Mutter, welche den Beistand ihrer Tochter, bald auch in der Mehrzahl ihrer Töchter, gewährt oder verweigert. Daher die merkwürdige Stelle der Iliade (XIX. 114. ff.), welche offenbar die ältere Sage von der Latona auf die Alkmene überträgt:

„Here verliefs im Schwunge das felsige Haupt des Olympus;
Und zur achaiischen Argos gelangte sie, wo ihr bekannt war

---

17) „— Στῆσε δ'ἐν Ἀμνισῷ, ὅθι τε σπέος Εἰλειθυίης“ Odyss. XIX. 188. Böttiger (a. a. O. S. 67.) denkt hiebei an eigentliche „Troglodyten in Höhlen und Felsenschluchten“. Zugleich erinnert er daran, dass Jupiter selbst in einer solchen Höhle auf Kreta geboren und aufgesäugt wurde; dass heilige Geburtsgrotten häufig vorkommen. (Pausan VIII. 36. p. 462. — Strabo XIV. p. 948. A.) etc. etc.

Alles zugegeben, was hier von σπέος (specus) gesagt wird, so liegt darin noch keineswegs der ausschliessliche Begriff einer natürlichen Felsen-Kluft- oder Höhle, — in welcher wir uns Troglodyten auf der niedersten Stufe des Lebens, wenig von den Thieren mit denen sie zusammen wohnen verschieden, denken; — sondern nebstdem noch der Begriff einer künstlichen Grotte oder eines Steinbaues, wie wir solchen in den oben bemerkten Feenschlössern und Feengrotten, verwirklicht wahrgenommen haben. Dass auch hier dieser letztere Begriff von σπέος, wenigstens nicht ausgeschlossen werden darf, geht schon aus der höheren Bildung hervor, welche die Verarbeitung des Erzes zu Waffen und Musik-Instrumenten voraussetzt, die — ohne allen Zweifel, — schon der früheren friedlichen Götterdynastie auf Kreta und dem von ihr ausgegangenen goldenen Zeitalter angehört, daher auch schon Jupiters eigene Wiege schützend überwacht hatte.

Sthenelos edles Weib, des perseiadischen Königs.
Jene trug ein Knäblein, und jetzt war der siebente Monat.
Dieses zog sie ans Licht, unzeitig annoch, und hemmte
Dort der Alkmene Geburt, die Ilithyien entfernend.“ (Vofs.)

Ja es wird nun auch, — ganz in derselben Weise, wie eigentlich nur Diana in den Ilithyien wirksam ist, — Juno selbst zur geburtshelfenden Göttin und als solche zur Lucina, die hervor an das Licht bringt. Daher unter Anderm der bekannte Hilferuf bei Terenz: „Juno Lucina fer opem“. Dasselbe Verhältnifs tritt auch noch in später Zeit hervor; wie nämlich die Griechen nachmals, an die ältere Stammsage anknüpfend, Ἀρτέμιδες in der Mehrzahl setzen, so setzen die Lateiner Junones, zumal in solchen Ländern, wo diese Vermehrung auf traditionellem Wege begründet, sogar hervorgerufen erscheint.

Letzteres ist aber namentlich der Fall auf altkeltischem Grund und Boden, daher, dem römischen Einflusse zunächst ausgesetzt, in der ehemaligen Gallia cisalpina; wo Votivsteine mit Inschriften, den Junonen, — gewöhnlich als Geburtshelferinnen, seltener als Schutzgöttinnen, — zugeeignet, häufig vorkommen. Wir finden solche bei Ferrara [18]), zu Parma [19]), Cremona [20]), bei Mailand [21]), wo die Junonen zugleich als Matronen bezeichnet sind und mit diesen abwechseln, in gleicher Weise bei Como [22]), bei Bergamo [23]), Verona [24]), Aquileia [25]) und Brixen [26]). In der Gallia

18) IVNONIBVS || SACR. L. VITRVIVS || EVTHETVS || V. S. L. M. — Codigoro, nunc Ferrariæ. Orelli. 1323.

19) IVNONIBVS || L. PLARIVS || PHILEROS || L. M. — Parmæ, in Sanct. Joh. Evang. Grut. XXIV. 3.

20) IVNONIBVS || L. MINICIVS || SEVERVS || VI. VIR. ET. AVG || EX VOTO. — Cremonæ. Murat. XVII. 6.

21) MATRONIS || IVNONIBVS || VALERIVS || BARONIS. F || V. S. L. M. — Besutii in agro Mediolanensi. Murat. XCIII. 4. — Orelli. 2085.

22) IVNONIB. || MATRON || EX. VISV || C. VIR. MAX. — Et ab utroque latere: IVN || C. V. M. — Novi-Comi. Orell. 1326.

23) IVNONI || PAGI || FORTVNENSIS. — Bergomi Mur. XV. 6. — Orelli. 1325.

transalpina begegnen wir solchen Steinen, sowohl am atlantischen Meere bei Bordeaux [27]), als im Rhonethale bei Nismes [28]) und auf den Vogesen bei Rollainville[29]). In Deutschland finden sie sich am Unter-Rhein (Germania inferior), wo gleichfalls an demselben Orte die Junonen mit den Matronen wechseln [30]).

Parcae.

Gleich den Junonen gehören auch die Parcen ursprünglich in den Kreis der Gottheiten, welche die Geburt an das Licht heben; sind daher selbst Töchter Jupiters, Lichtgottheiten.

---

[24]) IVNONIBVS || AVG. SAC || METELLA. I. DE. NOMINE || SVO. ET || T. FLAVI. HERMETIS || VIRI. SVI || D. D. — Veronæ. Grut. XXIV. 4.

[25]) IVNONIBVS. SACRVM || M. MAGIVS. M. L. AMARANTVS || IIIIII. VIR. ET || MAGIA. M. F. VERA. MAGIA. M. L. ILIAS || AEDEM. SIGNA. III. PORTICVM. MACERIIS. II || CVLINA. ET LOCVM. IN. QVO. EA. SVNT || VOTVM. SOLVERVNT || LOCO. PRIVATO. — Aquileiæ. Grut. XXIV. 2. — Orelli. 1322.

[26]) CN. CORNEL || NICANOR || IVNONIBVS || V. S. L. M. — Brixiæ. Grut. XXIV. 1. — IVNONIBVS || CARTILIA. PLAECVSSA || PRO. FILIO || CARTILIAE PROBAE. MVNATII || VXOR. ET. CARTILIAE..... Ibid. Mur. XVII. 1. — IVNONIBVS || PRO. SALVTE. MACRINAE || FVNDANAE.... || CORNELIAE. AVIOLAE || L. CALLINIVS. AVIO || LA....... || V. S. L. M. — Ibid. Mur. XVII. 2. — IVNONIBVS || V. S. L. M || C. VOCIANV... SVRG. — Ibid. Mur. XVII. 3. — IVNONIBVS || ANNIA. L. L. IVDA || PRO. SVIS || V. S. — Ibid. Mur. XVII. 4. — IVNONIBVS || V. S. L. M || L. CAECILI || PLACIDV || S. — Ibid. Mur. XVII. 5.

[27]) IVNONIBVS. IVLIAE || ET. SEXTILIAE. — Burdigalæ. Grut. XXV. 11.

[28]) IVNONIB || MONTAN || CINNAMIS || V. S. — Nemausi. Orelli. 1324: „Junones Montanæ eædem fere esse videntur, quæ Matres, Matronæ etc. etc."

[29]) IN. H. D. D || DEABV. IV || NONIBVS. FA || DVLA. PRO. SA || LVTE. S. RVPI || AGRICOLE. ET || REGALIS. FI || PETIVRONIS || ET GRANICE || V. S. L. M. — Rollainville (Dép. des Vosges) Mém. des Antiq. de France. V. LXIII.

[30]) IVNONI || BVS. GA || BIABVS || MASIVS || VOTVM || RETVLIT. — Colon. Agripp. Grut. XXIV. 5. — Orelli. 2084.

Die übrigen hieher gehörigen Inschriften lauten:

MATRONIS || GABIABVS || CELORIVS || V. S. L. M. — GABIABVS || C. CAMPIANVS || VICTOR. L. IMP. F. — Col. Agr. Orelli. l. c.

Von der ältesten unter ihnen, Klotho, der Spinnerin (von κλώθειν), wurde auch auf ihre zwei spätern Schwestern, Lachesis und Atropos, mitunter der Name der Spinnerinnen (Κλωθῶες) übergetragen. Wo die Erstere allein erscheint ist sie immer, griechisch die Μοῖρα, lateinisch die Morta; Namen, welche an das keltische Mara und Maira, die Frau oder Herrin (wovon später), anklingen. Bei den Lateinern haben ihre Schwestern nicht einmal Eigen-Namen, sondern werden nur adjectivisch durch Nona und Decima bezeichnet [31]).

So lange es die Parcen nur mit der Geburt, mit dem Tage des Lebens, zu thun haben, — wie in dem ganzen ältern Fabelcyclus, in den Hymnen des Olen u. s. w., — sind sie Begleiterinnen der Ilithyia, und weisen schon dadurch auf dieselbe ursprüngliche Herkunft, wie diese, zurück. Gemeinschaftlich mit dieser [32]), lassen sie sich auch, der ältern Sage zufolge, bestimmen, die Geburt der Alkmene durch das Mittel des Zauberbandes zu hemmen. Als besondere Aufgabe im Kreise der Geburtshelferinnen, ist ihnen die Vorherbestimmung des künftigen Schicksales der Neugeborenen zugeschieden.

„Es leidet keinen Zweifel, — so bemerkt Böttiger in seinen Ideen zur Kunst-Mythologie (II. 98. Note), — daſs die nächsten Verwandten und Nachbarinnen der Kreisenden beistanden und so lange bei ihr blieben, bis die Entbindung geschehen war. Dann empfiengen sie das Neugeborne mit einem frohen Jubel, welcher mit seiner

---

[31]) „Antiquos autem Romanos, Varro dicit, — — nomina Parcis tribus fecisse a pariendo et a nono atque decimo mense“. „Nam Parca, inquit, immutata litera una, a partu nominata; item Nona et Decima a partus tempestivi tempore. Cæsellius autem Vindex in lectionibus suis antiquis: „Tria, inquit, nomina Parcarum sunt, Nona, Decima, Morta“; et versum hunc Livii antiquissimi poëtæ ponit ex Odyssea: „Quando dies adveniet, quem profata Morta est“. Sed homo minimé malus Cæsellius, Mortam quasi nomen accepit, quam accipere quasi Moeram deberet.“ Aul. Gell. III. 16.

[32]) „Μοῖραι καὶ Εἰλείθυιαι“. Böttiger a. a. O. S. 80.

eigenen Benennung ὀλολυγμός hiefs. Natürlich spannen diese Weiber, während sie die entscheidende Stunde abwarteten; da sie nun auch dem neugebornen Kinde immer etwas Vorbedeutendes sagten, so setzte man ihr Spinnen und die Zukunft der Kinder bald in Verbindung mit einander. Die Spinnerinnen wurden zu Schicksalsgöttinnen erhoben."

Ueberhaupt hatten sich die phantasiereichen Griechen weit mehr mit den Parcen als mit den Ilithyien beschäftigt. Während die Dichter deren Gebiet äufserlich erweiterten und verschönerten, suchten es die Philosophen innerlich zu vertiefen und wissenschaftlich zu begründen. Jene übertrugen den Moiren den weit romantischeren, weil geheimnifsvolleren Todestag, setzten sie selbst dadurch in das Todtenreich und wandelten sie zu Töchtern der Nacht um. Diese erklärten sie als Ausflüsse der Nothwendigkeit, Vergangenheit, Gegenwart und Zukunft beherrschend. Dadurch wurde der ursprüngliche, ohnehin schon antiquirte Begriff der Spinnerinnen vollends verwischt. So trägt, unter Anderm, auf dem sinnvollen Basrelief: Prometheus und die Parcen, im Pio-Clementinum, Klotho, — nun als libraria archivique custos, — statt der Spindel zwei Rollen in der Hand, worin die Beschlüsse des Schicksales eingetragen sind; Lachesis zeichnet vorbedeutend mit dem Radius ein Horoscop auf eine Himmelskugel, und Atropos fixirt eine Sonnenuhr, um nach deren Stande die Lebensdauer zu bemessen [33]).

Auf den spätern Kaisermünzen erscheinen die drei Schwestern als Fata. So sind Münzen von Diocletian und Maximian mit: „Fatis victricibus" bezeichnet. Es stehen darauf drei Frauen abgebildet, wovon jede ein Füllhorn in der linken Hand, und eine für sich und die zwei übrigen zusammen ein Steuerruder in der rechten Hand halten. Gewöhnliche Sinnbilder der Fortuna, zumal der redux; vielleicht nicht ohne Beziehung auf glückliche und beutereiche Rückkehr

---

[33]) Visconti, Musée Pie-Clementin. IV. 246. Pl. XXXIV.

aus dem Felde. Eckhel, indem er die Inschrift erläutert, findet darin überhaupt nur die Macht des Schicksals über die Menschen und Götter bezeichnet [34]); Spanheim hatte, mit Beziehung auf Morelli, bestimmt auf die gezwungene Abdankung Diocletians und seines Collegen hingewiesen [35]). Jedenfalls ist eine solche Darstellung der Parcen (mit Symbolen des Reichthums u. s. w.) und eine solche Bezeichnung derselben auf Münzen ungewöhnlich. Sollten sich dabei nicht fremdartige (oder, wenn man lieber will, zurückkehrende ursprüngliche) Vorstellungen eingemischt haben?

Eine solche Vermischung scheint wirklich da vorzukommen, wo in Steinschriften die Fata (oder Fatæ) aufgeführt sind. Dieses ist namentlich der Fall: in Spanien, zu Valentia, wo auf drei Seiten einer Ara, die, in der Inschrift auf der vierten Seite derselben bezeichneten Faten, abgebildet sind. Es sollen Brustbilder sein, in alterthümlichem Anzuge, mit einem Kopfschmucke, der Mützen oder Hüten gleiche [36]). Diese Darstellung entspricht nun keineswegs derjenigen, in welcher man die Parcen als Schicksalsgöttinnen zu sehen gewöhnt ist; um so mehr steht sie mit den Mütter- und Matronen-Bildern (wovon später) in Einklang.

Inschriften mit Bezeichnung der Faten, erscheinen ferner in der ehemaligen Gallia cisalpina, namentlich zu Aquileia, Brixen u. s. w. [37]).

---

[34]) Doct. Num. VIII. 6.

[35]) De præst. et usu Numism. Pag. 639 sqq.

[36]) FATIS || Q. FABIVS || NYSVS || EX. VOTO. — Valentiæ Hisp. in ædibus Præcentoratus. Lapis est cæruleus quadratus, altera parte longior, in quadrangulos quatuor sive areolas distinctus. Prima, tertia, quarta, implentur tribus mulierculis, cingulo tenus sculptis, quæ forsan Parcæ. Stant amictu prisco et ornamento capitis, quod apices imitetur. Grut. XCVIII. 1. — Or. 1771.

[37]) FATIS. DIVIN || ET. BARBARIC || V. S. L. M. || POSTVMIA. P. L || CALLIRHOE. — Aquileiæ. Labus, dissertaz. p. 109. — FATIS || DERVONIBUS || V. S. L. M. M. RVFINVS || SEVERVS. Hodie Brixiæ. Labus l. c. explicat deruentibus (deruones, ut bibones, comedones, gerones etc. etc.); nisi tamen,

In **Frankreich** wechseln an demselben Orte, zu **Nismes**, die Namen **Faten** und **Parcen** mit einander ab [38]).

Nymphae. Sulevae. Campestres etc. etc.

Als **Nymphen** bezeichnete das Alterthum jene zahlreichen weiblichen Wesen, deren Cult es mit Bergen, Wäldern, Feldern, Quellen u. s. w. in Verbindung brachte. Dieselben finden hier nur in so fern Berücksichtigung, als sie den **eigenthümlichen** Vorstellungen des keltischen Volkes durch besondere, innere oder äußere Merkmale, näher anzugehören scheinen.

---

ut mihi videtur, potius est nomen ἐπιχώριον. Orelli. 1774. — FATIS. AVG || SAC || Q. BABIENVS || PROCVLVS || CVM. SVIS || V. S. L. M. — Aquileiæ. Labus. l. c. — Or. 1775. — FATIS || OCTAVIA. SPERATA. VOTVM || SOLVIT || LIB. MVN. — In agro Caprulano. Mur. LXXXIX. 4. — Or. 1772. — FATIS FAT [1]. || DRVINVS M..... || ARRI. MVCIANI.... [2]. || ACTOR PRAEDIORV || TVBLINAT [3]. TEGVRIVM [4]. || A. SOLO. IMPENDIO. SVO. FE || CIT. ET. IN. TVTELA. EIVS || HS. N. CC. CONLVSTRIO [5]. || FVND. VETTIANI. DEDIT. — In castello Toblino, reg. Tirolensis. Mur. LXXXIX. 3. — Labus dissert. p. 67. — Orelli. 1773.

1. Fatalibus, Hagenb. et Labus („Nostra tabella posita fuit Fatis Fatalibus, nisi stulta gens heic etiam, ut in aliis non paucis, feminas excogitarit, sitque legendum Fatis, Fatabus“. Murat.)

2. M. Nonii Arrii Muciani consulis a. p. Chr. 201. Labus.

3. Tublinatium.

4. „Edicoletta o tempietto sostenuto da quattro colonne, e aperto per ogni lato. Di simili edicole veder si posson le imagini sulle medaglie raccolte ed ellustrate da Filippo Venuti, nelle Dissert. academ. Cortonesi T. II. p. 211. Labus. Certo e, che in Anastasio Bibliotecario abbiamo: fecit tigurium ex argento, e nella Vita di Aldrico vescovo: fecit tegurium, quod et ciborium vocatur“.

5. De ritu ipso agros lustrandi (Catonis R. R. c. 141. Virgil Ge. I. 338. Tibull. II. 1.) accipit Labus: „Suspicor collustrium esse collegium eorum, qui communibus lustrationibus fundorum uterentur“. Hagenb. Mspt.

[38]) FATIS || T. POMPONIVS || EX. VOTO. — Nemausi. Mur. LXXXIX. 2. — PARCIS || L. VALERIVS. HYBR || V. S. L. M. — Ibid. n. 5.

In solcher Weise finden wir die Nymphen auf dem alten Gebiete der Briganten in England, wo sie mit den Matribus (wovon später) abwechseln [39]).

Wohl nicht nach England, sondern vielmehr in die Bretagne (Britannia minor) nach Frankreich gehören die Brittonen, wovon eine Cohorte aus weiter Ferne (bei Amorbach im Odenwalde), unter ihrem Centurio Marcus Ulpius Malchus, den heimathlichen Nymphen eine Ara widmet [40]).

In Spanien, zu Sevilla, erscheinen diese jungfräulichen Wesen (Puellæ) zugleich als Herrinnen (Dominæ) [41]); zu Arganda führen sie einen charakteristischen Localnamen [42]).

In Südfrankreich, in dem ehemaligen Gebiete der Auscer (Dép. des Gers) begegnen wir diesen Herrinnen wieder; wo ihnen ein Fanum Herarum errichtet ist [43]). Eine Inschrift im Lande der Vocontier (ehemalige Dauphiné, nun Départ. de la Drôme)

---

[39]) DEAE. NYMPHAE. BRIG. — In agro Brigantum reperit Joh. Cambdenus. Reines. 193. CLXXXV.

[40]) NYMPHIS || N. BRITTON || TRIPVTIEN || SVB. CVRA || M. VLPII || MALCHI || CENT. LEG. XXII || PR. P. F. — Apud Amorbachium. Grut. XCIII. 5. — Orelli. 1627. — „Magna de Brittonibus est controversia, plerisque pro Britannis eos habentibus; quamvis Cohortes Britannicæ memorentur Tacito, et in hoc quoque lapide (804) distinctio facta videatur inter Brittones et Britannos". — Idem.

Auf die Bretagne scheinen sich ferner auch folgende Inschriften zu beziehen: MATRIBVS || BRITTIS || L. VALERIVS || MIL. LEG. XXX. || V. V || V. S. L. M. — In incerto loco. Ex Cupero. Murat. XCIV. 7. — MATRIBVS || MILITES || VEXILL. IO || LEG. XXVI. || BRITTON || V. S. L. L. M. — In Scotia, ad vallum Severi. Spohn, Misc. p. 105.

[41]) I. O. M. CONSER || VATORI. ET. DOMINIS. NYMPHABVS. PVE || LORICIVS || HILVS. — Hispali. Don. 3. 7. (Mur. IX. 7. minus accurate.) — Or. 1629.

[42]) L. I. RVFINVS || NYMPHIS || VARCILENS || V. L. S. — Argandæ in Hispan. Grut. XCIV. 8. — Mur. LXXXVII. 5. Letzterer giebt TI. RVFINVS || NYMPHIS || VARCILERIS || V. L. S. — E schedis Farnesiis.

[43]) FANO. HER. AVSC || ORRITS. HE. SACRVM || G. VAL. VALERIANVS. In Aquitania. Spohn, ignotor. Deor. aræ. Ap. Gronov. VII. 252.

scheint mit dem Ausdrucke Hera denselben Begriff zu bezeichnen [44]).

Endlich finden wir diese Dominæ noch zu Weifsenburg in Siebenbürgen, wo ihnen gleichfalls ein Fanum geweiht wird [45]).

Sehr nahe mit den Nymphen, als im Freien waltenden Schutzgottheiten, sind die Sulvæ oder Sulevæ verwandt, in welchen man schon länger die Sylphen der abendländischen Sagen, und wohl mit Recht, zu erkennen glaubte. Sie kommen auf Inschriften entweder allein oder mit andern Feldgottheiten vor. Bildlich dargestellt erscheinen sie als drei sitzende Matronen, mit verschiedenem durch Blätter verziertem Obst auf dem Schoofse, mit Aehrenbüscheln auf dem linken Arme und mit Schalen, die sie ausgiefsen, in der rechten Hand. Drei Männer bringen ihnen, auf einer Ara auf der das Feuer lodert, das gewöhnliche Opfer ländlicher Gottheiten, ein gemästetes Schwein mit Erzeugnissen des Landes.

In solcher Weise abgebildet finden sich die Sulevæ auf dem Basrelief einer ihnen geweihten Ara zu Rom; in der ersten Abtheilung die Göttinnen, in der zweiten das Opfer, unter welchem auf einem Täfelchen noch die Inschrift angebracht ist, welche das Monument in das Jahr 160 nach Christus setzt [46]).

---

[44]) DEVILLIAE || ATTICAE || FLAMINICAE. HERAE || DESIG. — Deiæ Vocontiorum. Reines. 378. XXXVIII. — Orelli. 2225. — Hieher gehört wohl auch folgende Inschrift: SANCTIS || VIRGINIBVS || CAP. AVIDVS || CAMPANA || POSVERVNT. — Viennæ Allobrogum. Grut. CXII. 13. Dass dasselbe Prädicat (Sanctis) auch den Matronen gegeben wird, beweiset folgendes Fragment: SANCTIS. MATRONIS || V. CELLAS.... — Curiæ Pictæ. Act. Acad. Palat. V. 80.

[45]) MESTRIVS. MARTINVS || PICTOR. CONSTITVIT || PRO. SALVTE. SVA. ET || SVORVM || FANVM. DOMINARVM. — Albæ Juliæ. Grut. XC. 4.

[46]) SVLEVIS. ET. CAMPESTRIBVS. SACRVM || L. AVRELIVS. QVINTVS. >. (Centurio) LEG. VII. GEMINAE || VOTVM. SOLVIT. LAETVS. LIBENS || DEDICAVIT. VIIII. K. SEPTEMBRE. BRADVA. ET VARO COS. — Romæ. Fabr. 690. 111. — Ejusd. Dissert. de Aquis et Aquæduct. apud Grævium tom. IV. — Or. 2101. — SVLEVIS. SACR || L. AVRELI. PRI || MVS ET. MAR ||

In der Schweiz, bei Lausanne, kommen die Sulfæ als wirkliche Schutzgottheiten einzelner Personen vor [47].

Bei Nassenfels, unweit von Neuburg an der Donau [48]) und am Unterrhein, bei Bonn, führen sie den Namen Suleviæ [49]); auf dem Bruchstücke einer bei Deutz gefundenen Inschrift, angeblich mit Suebiis ist wohl Suleviis zu lesen [50]).

Die Feldgottheiten (Campestres) kommen in Deutschland nicht selten für sich allein vor. Stälin theilt in seiner „Wirtembergischen Geschichte" (Theil I.) die sie betreffenden Inschriften bei Benningen [51]), Böckingen [52]) und Kösching mit [53]).

An die Sulevæ und Campestres reihen sich, wohl nicht nur

CELLVS. DVPL || ET. FL. FESTUS || FRATRES || V. S. L. L. M. — Romæ. Or. 2099.

[47]) BANIRA. ET. DONINDA. I (et) || DAEDALVS. ET. TATO. ICARI. FIL || I. SVLFIS. SVIS. QVI. CVRAM || VESTRA(m). AGVNT. IDEM || CAPO. ICARI. F. — Maley prope Lousonnam. Nunc asservatur in bibliotheca Lousonnensium publica. In Sulfis agnoscas Sulevias sive Matres a Gallicis populis cultas. Orelli. 327.

In dieser Inschrift scheint entweder nur Tato oder nur Capo zu lesen zu sein.

[48]) SVLEVIS (Suleviis?) || SAC || IVL. PATER || NA. PATER || P. S. ET. S || V. S. L. L. M. — (Pro se et suis, votum solvit lætus, lubens merito). Raiser, zweiter Jahresbericht des histor. Vereines im Oberdonau-Kreise. S. 8 ff.

[49]) SVLEVIABVS || C. PACCIVS || PASTOR. VET. LEG || XXII. P. P. F. D. || V. S. L. M. — Schweppenburg prope Bonnam. Hartzheim, de relig. antiq. Ubiorum. p. XXI. — Hüpsch p. 14. 14. — Or. 2100.

[50]) ... S. SVEBIIS (Deabus Suleviis) || .... MILIVS || ...... MITIVVS || .... OTO. L. M. || ... O. ET AELIANO. — In Abbatia Divitensi prope Ubios. Grut. XC. 12.

[51]) CAMPESTRIBVS || SACRVM || P. QVINTIVS. L. FIL || QVIR. T. ERMINVS || DOMO. SICCA || VENERIA. TRIB || COH. XXIIII. VOL. C. R. — L. c. 43. 120.

[52]) CAMPESTRIBVS || EX. VOTO || C. SANCTINIVS || GAI. FIL. QVIR || AETERNVS. P. C. — L. c. 44. 133.

[53]) CAMPES (tribus). ET || EPONAE. ALA. I || SING. IMP. C. R. CVI. PRAEEST || AEL. BASSIANVS || PRAEF. V. S. L. L. M. — (Ala prima singulariorum Imperatoris civium Romanorum). — L. c. 53. 233.

nach äußerlichen Verhältnissen sondern zugleich auch nach gemeinschaftlicher innerer Bedeutung, die Silvanæ. Solche erscheinen auf einer Wand-Inschrift in den Ruinen des alten Carnuntum in Oberpannonien an der Donau, in der Gegend des heutigen Deutsch-Altenburg; wo ein, ihnen geweihtes, durch Alter eingestürztes Heiligthum, im Jahre nach Christus 211, wieder hergestellt wird [54].

Mairae. Matres. Matronae.

Unter den Müttern und Matronen, denen auf keltischem Boden so viel Steine mit Inschriften und Bildern gewidmet sind, scheinen, der Form des Namens nach, die sogenannten Mairen die ältesten zu sein. Dieser Name weiset nämlich auf das ursprüngliche Mar der Mann, Mara die Frau zurück; wovon sich vorzugsweise das Erste noch in Ueberresten erhalten hat. Solches ist der Fall im Lateinischen mit Mas (eigentlich Mar) der Mann überhaupt; und mit Mars, der Mann als Krieger, und, als personificirter Begriff desselben, als Kriegsgott, insbesondere [55].

In den keltischen Dialekten ist noch jetzt Mear und Mær der Landmann, im neuern Französischen Maire, der Vorstand einer Gemeinde; wie sich in Deutschland das Wort Maier, während des Mittelalters für den Inhaber des Dinghofes in einem Districte erhielt. Durch Uebertragung in das Lateinische (nicht um-

---

[54]) SILVANAB[1]. ET. QVADRIBIIS[2]. AVG. SACRVM || C. ANTONIVS. VALENTINVS. VET. LEG. XIII. G || MVRVM. A. FVNDAMENTIS. CVM. SVO. INTROITO || ET. PORTICVM. CVM. ACCVBITO[3]. VETVSTATE || CONLABSVM. IMPENDIO. SVO. RESTITVIT || GENTIANO. ET. BASSO. COS. — In parietinis Carnunti prope Vindobonam. Spon. Misc. p. 84. XXVI. — Or. 2103.

1. Eædem, quæ alibi Suleviæ, Silviæ. 2. Alibi Quadruviis. 3. Id quod, cum discubitione.

Nach dieser Inschrift zu urtheilen, scheinen auch die Gottheiten, welche die Kreuzstrassen umschweben (nämlich die Biviæ, Triviæ und Quadriviæ) weibliche, feenartige Wesen zu sein.

[55]) „Martem Deum belli esse dicunt et Martem appellatum, quia per viros pugnatur, ut sit Mars = Maris ars". Isid. Hisp. Etym. VIII. 50.

gekehrt durch Zusammenziehung aus diesem) wurde **Major** (villæ, domus, palatii etc.). Aber fortwährend erhielt sich auch in Frankreich, in den lateinischen Urkunden, noch das ursprüngliche: **Maierus** (Præpositus), **Mairia** (Præpositura), **Majeria**, **Marca**, **Marchia** (Limes regionis) [56]). Im Patois des Jura bezeichnet **Merle** bei dem Vieh noch immer das Männliche überhaupt [57]).

Das weibliche **Mara** und **Marah** der Kelten war (nach Angabe des **Pausanias**) dem **Griechen** als *Μάρκα* bekannt. Daher auch das **altdeutsche** **Mara**, **Marach**, **Marcha**, **Meriha** etc. und noch das jetzige **Mæhre** für Stute. Damit hängt **Marahwart**, **Maraschalh**, **Marahseliu** u. s. w. zusammen [58]).

Doch hatten die **Griechen** auch das, ihrer Sprache eigentlich fremde *Μείρ–αξ*, für **Kind** überhaupt und für **Mädchen** insbesondere. In den keltischen Dialekten kommen noch **Meir**, **Maire**, **Merc'h** etc. als Bezeichnungen des weiblichen Geschlechtes vor [59]).

---

[56]) Ducange, glossar. ad script. med. et inf. latin.

[57]) „Merle i. e. Mâle". Monnier, vocabulaire de la langue rustique et populaire du Jura: Mém. d. Antiq. de Fr. VI. 174.

[58]) Nachweisungen bei Graff, althochd. Sprachschatz. II. 844 ff.

[59]) „Merc'h. Fille, enfant du sexe féminin, par rapport au père et à la mère. Fille, par opposition à fils, à garçon. — Merc'h Kaer, Belle-fille. — Merc'heta, courir après les filles. — Merc'hoden, Poupée etc. etc." Legonidec, dict. celto-breton.

„Toutes les Provinces méridionales de la France prononcent encore ma maire au-lieu de ma mere". Banier, sur les deesses Meres. Mém. de l'Acad. des Inscriptions et Belles-Lettres. X. 61.

„Mær, virgo. Vaf. XLVIII. 6. Hynd. I. 1. Forte Mær nihil aliud sit origine sua, quam femina τοῦ Mar l. Maugr, mas, vir; quasi Vira". Arna-Magnæi Glossar. ad Eddam. I. 619: — „Mey, virgo, puella; in pl. Meyiar. Est autem Mey apocopatum ex antiquo Meyg (Meya, quasi Meygia), quod femininum est τοῦ Maugr etc. etc. Ibid. 624.

Zwischen dem Keltischen Mar und Mara scheint dasselbe Verhältniss obzuwalten, wie zwischen dem Germanischen Man, Mensch überhaupt und Mann insbesondere, ebenso aber auch Weib. (Man, femina, virgo. Alv. VI. 5. it. VII. 6. Skirn. XXXIV. 7. 8. Harb. XV. 8. etc. etc. loc. cit.) —

Das Wort Mara hat sich übrigens, seiner Lautbildung nach, vollständig mit dem Begriffe der Trutte (des Alpdrückens) erhalten. Daher das Neufranzösische Cauchemare [60]), das Niederdeutsche Nachtmaar (Oberdeutsch, das Schrättelin), das Englische Nightmare u. s. w. Ebenso das Niederdeutsche Mahrklatte, Mahrenvlicht für Weichselzopf u. s. w.

Die Deæ Mairæ [61]) selbst kommen noch auf zwei Inschriften vor, wovon eine zu Metz [62]), die andere zu Langres [63]) gefunden wurde. Die Erstere befindet sich im Giebelfelde einer Ara, worauf die Mairen abgebildet sind. Es sind drei jungfräuliche Gestalten, die nebeneinander stehen. Zwei davon, deren Stirnen mit einer Art Diadem geschmückt sind, halten jede eine Rose in der Hand; die dritte mit ungeschmücktem gescheiteltem Haare, hält die rechte Hand gegen das Herz, mit der linken Hand greift sie, wie wenn sie auch eine Blume hervorziehen wollte, in den Ueberwurf den sie über der Stola trägt.

Votivsteine der Deæ Matres sind nicht selten in England. Es wurden einige von solchen, jedoch beschädigt, im Gebiete der alten Briganten aufgefunden [64]).

Ferner: Frô, goth. Frauja, altd. Fraho, Frô, der Herr; und Frawa, nord. Frû, die Frau. Graff, a. a. O.

[60]) Cocquebert-Montbret, sur l'étymologie du Mot Cauchemare. Mém. d. Antiq. de Fr. IV. 295 etc. etc.

[61]) „Propius ad Matres nostras accedit, quod Meirion Celtis sacerdotem significabat, Meiriones sacerdotissam“. Daviesii lexicon Cambro-Britannicum.

[62]) IN || HONORE || DOMVS. DIVI || NAE. DIIS. MAIRABVS || VICANI. VICI. PACIS. — Metis. Grut. XCII. 1.

[63]) H. D. D || DEABVS. MAIR || IVLIVS. REGVLVS. MI || LES. LEGIONIS. VI || ANTONINIANE. A || ABSARIVS. EX. VO || PRO. SE. ET. SVIS || V. S. L. M. — Urbe Lingonum. Ibidem. 2.

[64]) DEIS. MATRIBVS || M. INGENVI || VS. ASIATICVS || DEC. AL. AST (Asturum) || SS. LL. MM. — Apud Brigantes Lancashire. Cambd. Britann. — Orelli. 2076.

Hujus inscriptionis ductu Hagenbuchius emendavit corruptissimam

In Spanien ist ein Stein, mit bestimmter Hinweisung auf die Gallizischen Mütter [65]), im Lande selbst gefunden worden. Ein anderer, den Matribus Arsaciis zugeschrieben [66]), dessen Fundort aber unbekannt ist, könnte sich auf eine Stadt dieses Namens in Hisp. Bætica beziehen. Ein Dritter enthält keine besondere Widmung [67]).

Die Göttinnen Mütter zu Enguium in Sicilien, deren Plutarch im Leben des Marcellus (cap. 20.) gedenkt, die bis jetzt noch durch keine Steinschrift belegt sind; gewähren auf dieser Insel eine unsichere Erscheinung. Sie sollen von den Cretern dahin gebracht worden sein, welche zugleich in deren Tempel uralte Lanzen und eherne Helme niedergelegt hätten. Cicero, gegen Verres (IV. 44 und V. 72), erwähnt nur eines Tempels der grofsen Mutter, d. i. der Cybele zu Enguium.

In Ober-Italien (Gallia cisalpina [68]), dem Lande der Juno-

---

aliam in episcop. Durhamensi repertam, descriptamque a M. Listero in Transact. Philosoph. 1682. N. 145.

DIS. MATRI || B. PRO. SALV || TE. M. AVREL || ANTONINI || AVG. IMP || (evanuit nomen dedicantis v. 6. et 7. olim incisum) LVBENS. M(erito) || OB. REDITV(m). — Oreli. 2077. — DEAB || MATRIB. Q. LO.. || ... CL. QVIN || TIANVS.. COS || V. S. L. M. — Binoviæ (Binchester). Cambd. L. c. — DEABVS. MATRIBVS || TRAMAI. VEX. CERMA || P. V. R. D. PRO. SALVTE || ... R. F. V. S. L. M. — Apud Louther in Cumbria. Seldenus, de Diis Syris. Synt. II. 2. — M(a) RTI. ET. M(at)R(ibu)S || ERVRACIO || PRO. SE. ET. SVIS || V. S. L. M. — In Cumbria. Bannier. l. c. p. 66.

[65]) T. FRATERNIVS || MATRIBVS || GALLAICIS || V. S. L. M. — Corumnæ in Hisp. Grut. XC. 9.

[66]) MATRIBVS. ARSACIIS. PA || TERNIS. SIVE. MATERNIS || M. AVR. LVVERONIVS. VE || RVS. PR. PRAEFECTI. PRO. SE || ET. SVIS. V. S. L. M. — In incerto loco. Ex Cupero. Mur. XCIV. 6.

[67]) MATRIBVS || TER || MEGISTE (us?) || V. S. L. — Prope Segobrigam Hisp. Grut. XC. 7.

[68]) In Mittel-Italien, zu Ascoli im Picenischen, ist eine Inschrift den Müttern geweiht: VESTA. T. F. CELERINA || MATRVBVS. TEM. PORTIC || CUSTODIARIVM. D. S. P. — Asculi. Mur. CXLVII. 6.

nen-Steine, finden auch die Matronen zahlreiche Weihgeschenke. Wir begegnen solchen: zu Cremona[69]), Mailand[70]) und Novara[71]).

In Frankreich ziehen sich diese Votivsteine durch die südlichen und östlichen Provinzen. Sie bezeichnen die Matronen der Vediantier[72]), Gerudatier[73]) und Vocontier[74]). Zu Vienne[75]) und Lion[76]) führen die Matres (oder nicht vielmehr Mairæ?), den Beinamen Augustæ. In letzterer Stadt findet sich auch eine Abbildung derselben auf einem Basrelief. Sie zeigt drei sitzende Frauen mit Fruchtkörben auf dem Schoofse. Die Mittlere hält im

---

69) MATRONIS || P. CAESIVS || ARCHIGENES || V. S. L. M. — Cremonæ. Mur. XCIV. 1.

70) SECVNDVS. RV || FIANVS || PRO. NATIS. SVIS || MATRONIS || V. S. L. M. Mediolani. Grut. MXVI. 8. — Orelli. 2075. — MATRON || ANNIA. Q. L || SERVANDA || V. S. L. M. — Mediolani. Mur. XCIII. 3. — MATRONIS || L. S. A || V. S. L. M. — Ibid. XCIII. 6. — MATRONIS || ATILIVS || C. F || VENERIQ. V. S. — Ibid. XCIII. 7. — MATRONIS || CALVISIA. C. FILIA || CVM. FILIIS || V. S. L. M || L. D. D. D. — Ibid. XCIII. 8.

71) MATRONIS || ET. DIS. DEABVS || T. MATVSIVS .. N || PRO. SE. SVISQVE || V. S. L. M. — Suni, in agro Novariensi. Mur. XCIV. 2. — MATRONIS || T. VINIDIVS || CRESCENS. — Ibidem. n. 3.

72) MATRONIS || VEDIANTIABVS || P. ENISTALIVS. P. F || CL. PATERNVS. CEMENELENSIS || OPTIO. AD. ORDINEM. >. LEG. XXII || PRIMIGENIAE. PIAE. FIDELIS || L. M. — Prope Nicæam. Spon, Mis. p. 104. 75. — Or. 2093.

73) MATRIBVS || GERVDATIABVS || IVLIA. MINIA || V. S. L. M. — St. Esteves in Provincia. Spon, ignot. Deor. aræ. p. 251. 32.

74) Die hieher gehörige Inschrift findet sich bei Reinesius p. 188. n. CLXXIV. ist aber, das erste Wort MATRIBVS ausgenommen, höchst fehlerhaft.

75) MATRIS (Mairis?) || AVGVSTIS || D. D. IMARIVS || MESSVLVS || RESTITVIT || EX. VOTO. -- Viennæ Allobrogum. Grut. XC. 1.

76) MATRIS. AVG || MASTONIA || BELLA. — Lugduni. Grut. XC. 2. — MATRIS AVG || IN. HONOREM || DOMVS. SEDIORVM || EYTICHE. LIB || AEDEM. CVM. ARA || DAT. — Ibid. 3. — MATRIS || AVGVSTIS || C. (A) TITIVS || SEDVLVS || EX. VOTO. — Ibid. 5. — SAPPIENNA || LYCHNIS || MATRIS || V. S. L. M. -- Lugd.

linken Arm ein Füllhorn, in der rechten Hand einen Apfel; die beiden andern halten in jeder Hand einen Apfel [77]).

Von dem Mütter-Culte im Lande der Sequaner, zeugen zwei zu Besançon befindliche Inschriften [78]).

Den Matronen der Senonen (Gallia Lugdun., jetzt Dép. de l'Yonne, worin die Stadt Sens), widmete eine Cohorte von Helvetiern eine, zu Böckingen bei Heilbronn aufgefundene Ara mit beinahe ganz verwitterter Inschrift [79]).

Dafs derselbe Cult auch in Pannonien und Dalmatien im Schwunge war, beweiset unter Andern eine dahin sich beziehende Inschrift, welche zu Lyon aufgefunden wurde. Solche enthält die Stiftung eines Tribunus Militum, zu Ehren der heimathlichen Aufanen, Matronen und Mütter, für das Heil des Kaisers Sept. Severus und seines ganzen Hauses [80]). Die gleichen Matronæ Aufanæ kommen auch auf einem zu Bonn [81]), und einem zu Nimwegen [82]) gefundenen Steine vor.

In Deutschland ziehen sich die Votivsteine der Matronen und Mütter vorzugsweise zu beiden Seiten des Rheines hin. So

---

[77]) Die Inschrift lautet: MAT. AVG. PIC. EGN. MED. — Ménestrier hist. de Lyon. II. 443.

[78]) MATRABVS. A || VG. MARTIALIS || AVGG. NN. VER. E || X. DISP[1]. EX VOTO || MONITVS. — Vesontione. Or. 2091. [1] Verna ex dispensatore. — MATRA || BVS. SACR || VM. OSCIA || MESSORI || ACIA. V. S. L || M. — Mém. de l'Acad. de Besançon. I. 146.

[79]) SENO || MATRO || COH. I. || HELVET || ... Stälin a. a. O. 45. 139. — Schelhorn las früher noch mehr, und fügte ergänzend bei: [illegible]VI PRAE || EST. IVL. CIVILIS || >. LEG. XVIII. (Piæ Felicis) || V. S. L. M. — Or. 478.

[80]) PRO. SALVTE. DOM || N. IMP. L. SEPT. SEVERI || AVG. TOTIVSQVE. DOMVS. EIVS. AVFANIS. MA || TRONIS. ET. MATRIBVS. || PANNONIORVM. ET || DELMATARVM || TI. CL. POMPEIANVS || TRIB. MIL. LEG. I. MIN || LOCO. EXCVLTO. CVM || DISCVBITIONE. ET. TABVLA || V. S. — Lugduni Spon, Misc. 106. 81. — Or. 2106.

[81]) AVFANABVS || L. MASSONIVS. — Bonn. Lersch, Centralmuseum. II. 31.

[82]) MATRONIS. AVFA || NIABVS || T. ALBINIVS. IANVA || RIVS. L. M. — Noviomagi. Reines. 188. 175. — Or. 2079.

finden wir einen solchen im obern Elsafs zu Ell (Helellum) bei Benfelden, der aber wieder eher den Mairen als den Müttern geweiht zu sein scheint[83]. Ein anderer, den Matronen und zwar in völlig örtlicher Weise zugeeignet, steht in der katholischen Kirche zu Neidenstein bei Sinsheim (Grofsherzogth. Baden[84]).

Ueberhaupt sind von nun an die localen Bezeichnungen bei weitem vorherrschend; was wohl zunächst auf die uralte Blüthe einzelner Ortschaften längs des Rheines und weiter hinab (während anderswo nur Districte oder Völkerschaften genannt werden), schliefsen läfst.

Als i. J. 1805, Mainz gegenüber die Festungswerke von Cassel angelegt wurden, fanden sich beim Fundamentgraben die Bruchstücke eines, der Mutter Melia geweihten Altars; worunter auch solche ihres Bildes, — in der einen Hand mit einem Apfel, in der andern mit einer Schale, — gewesen sein sollen[85].

Auf die Mütter zu Trier bezieht sich eine, denselben aus der Ferne geweihte, zu Cleve entdeckte Inschrift[86].

In der Nähe von Andernach wurde ein, den heimathlichen Müttern gewidmeter Stein erhoben[87].

---

83) MATRABVS (Mairabus?). ACRV (Sacrum?)¶| EX. MACERIE. CIRC || VM. DVCTVM. SEXT || VS. CLEMENTIS. FIL || V. S. L. L. M. — Schöpfl. Als. illustr. I. 478. — Or. 2080.

84) MATRONIS || (Ai) HIAHEN || ABVS || IVL. VERANI || VS. SVPER. PR || O. SE. E(t). SV || IS. V. S. ∾. — Steiner, cod. inscript. rom. Rheni. 72. 123.

85) MA(t)RI. MELIAE. E(x. voto) || PRO. FELICITA || TE. PVBLICA || CIVITATIS || MATTII || (c) IVES. WSINO || BATES. — Müller, über einen vor Cassel gefundenen Votivstein etc. Annalen für Nassauische Alterthumsk. II. 2. 110 ff.

86) MATRIBVS. TREVERIS || T. PATERNIVS. PERPETVS || CORNICVLAR. LEG. XXX. || V. S. L. M. — Clivæ. Or. 3092.

87) MATRIBVS || SVIS || SIMILIO. MI(L) || ES. EX. CLASSE. GE || RMANICA. PED || PLER(omariorum). CRESIMI || V. S. L. L. M. — Lersch, Centralmuseum. III. 145.

Zu Bonn[88]) und zu Münstereifel[89]) werden gleichlautende Aren der Matres Vacallinehæ (die man auf Wachlendorf bezieht) aufbewahrt.

Bei Abtragung des alten Kirchhofes zu Lechenich (1825) fand sich eine Ara mit der Aufschrift Matronis Lanehiabus[90]). Altdorf bei Jülich, in dessen Nähe ein Dorf Hambach liegt, lieferte die Matronæ Hamavehæ[91]) und Rumanehæ[92]), welche Letztere mit dem eingegangenen Dorfe Rumanheim in Verbindung zu stehen scheinen.

Steine mit Matronis Vatuiabus und Gavadiabus sind bei Jülich so häufig, daſs man daraus den Schluſs ziehen wollte, das dortige Gebiet habe einst Vatuca geheiſsen; von welchem Namen sich aber (auch in den ältesten Urkunden nicht?) keine Spur mehr erhalten haben soll[93]). Auf einer dieser Aren sind in drei Brust-

---

[88]) MATRIBV(s) || (v)ACALLI || NEIS. ATTICI(vs) || MATERNV(s) || M(iles). L. I. MI(nerviæ) || IVS(sv). IPSA(rum) || L. M. — Lersch, Centralmus. II. 30.

[89]) MATRONIS. VACALLI || NEHIS. TIB. CLAVD || MATERNVS. IMP(erio). IP(sarum) || L. M. — In Monast. Eyffliz. Grut. XCI. 3. „Supra inscriptionem in eodem saxo sedent tres Deæ, sinu pleno fructuum. Inferius sculptum est tale sacrificium: Vir cum muliere litat ad aram et stat intermedius puer cum acerra“.

[90]) MATRONIS || LANEHIABVS. L || IALEHENIVS. SE || CVNDVS. ET. C. C. I || ALEHENIVS. PATERN(us) || EX. IMPERIO. IPSARV(m) || PRO. SE. ET. SVIS. S. L. — Lersch, Centralmus. II. 29.

[91]) MATRONIS. HAMA || VEHIS. C. IVLIVS || PRIMVS. ET. C. IVLIVS || QVARTVS. EX. IMPERIO || IPSARVM. V. S. L. M. — Lersch. I. 20. „Drei weibliche Figuren in einer Nische sitzend; über der mittlern ein kleiner Kopf in Basrelief. Schannat, Eifl. illustr. I. 1. Taf. X.“ A. a. O.

[92]) MATRONIS || RVMANEHABVS || SACR(vm) || L. VITELLIVS || CONSORS. EXPLO(ratorum) || LEG. VI. VICTR. — Lersch. I. 23. — MATRONIS || RO(v?) MANEHIS || C. PVLMILENVS || V. S. L. M. — In ecclesia Lovenessen, prope Enskirchen. Grut. XCI. 5. — MATRONIS. RVMNEHIS || ET. M(G?) AVIATI || NEHIS. C. IVL || (Quar?)T(us?). E(x). I(m)P. (i)PS(arum). — Or. 2088.

[93]) MATRONIS || VATVIABVS || NERSIHENIS || PRIMINIA || IVSTINA || PRO. SE.

bildern die Matronen selbst dargestellt, wovon die Mittlere den Kopf unbedeckt hat, die beiden andern aber Mützen mit starkem, turbanartigem Wulste, — wie noch jetzt sogenannte Bauschkappen der Kinder, — tragen.

Gemeinschaftlich hiemit kommen vor: Junones und Matronæ Gabiæ [94]), Matronæ Aumenaienæ [95]), Andrustehiæ [96]), Arvagastæ [97]), Malvisiæ [98]), Etraienæ [99]), Gesatenæ [100]), Axsin-

---

ET. SVIS || EX. IMPERIO. IP(sarum). L. M. — Lersch. 1. 24. — IN. H. D D || DIS. DEAB(us). Q(ue). OMNIBVS || MATRIBVS. VAP || TH(v?)IABVS. ET. GENIO || LOCI. SACRVM. C. || TAVRICIVS. VE || RVS. B(ene)F(iciarius). COS. PRO. SE || ET. SVIS. V. S. L. M || POSVIT. ET. DEDIT. — Ad Rhenum alicubi, sub tribus stemmatis ejusdem ætatis virorum (? matronarum). Grut. XC. 10. — MATRONIS || VATVIABVS. IV || LIA. VEGETI || FILIA. MAND || IA. PRO. SE || ET. SVIS. VO || TVM. SOL || VIT. L. M. — In Juliacensi ducatu, ejusque præfectura Castrensi, inter Rödingen, vicum parochialem, et villam ab inferno (in der Hölle) dictam. Lamey, act. palat. VI. 71. — MATRONIS || VATVIABVS || Q. IVL. PRIMVS || PRO. SE. ET. SVIS || V. S. L. M. — Ibid. 72. — MATRONIS || VATVINIS || T. IVLIVS. VITALIS || V. S. L. M. — Ibid. 73. — MATRONIS || GAVADIABVS. Q. IV(lius) || SEVERINVS || ET. SECVN || DINIA. IVSTINA. PRO || SE. ET. SVIS. EX. IMP || IPS. L. M. — Ibid. 68. — Das Wort Matronis steht über den Brustbildern. — MATRONIS || GAVADIABVS || SEX. IVL. SECVRVS || ET. IVL. IANVARIVS || V. S. L. M. Ibid. 70.

[94]) Oben S. 46.

[95]) MATRONI(s) || AVMENAIENI(s) || C. GADINIVS || CASSIVS. EX || IMP. IPSARVM. — Lersch. I. 21.

[96]) MATRONIS || ANDRVSTE || HIABVS || L. SILVINIVS || RESPECTVS || V. S. L. M. — Das. 22.

[97]) MATRONIS. ARVAGASTIS || AVL. TITIVS. VICTOR || V. S. L. M. — Orelli. 2081.

[98]) I. H. D. D || DIABVS || MALVISIS || ET. SILVANO || AVR. VERE || CVNDVS || ORD(ine). BRITO(num) || V. S. L. M. — Lersch. I. 26.

[99]) ETRAIENIS || ET. GESATENIS || BASSIANA. MA || TERNA. ET. BASSI || ANA. PATERNA || EX. IMP. IPS. L. M. — Lamey. l. c. 66.

[100]) MATRO. GESATENIS || M. IVL. VALENTINV(s) || ET. IVLIA. IVSTINA || EX. IMPERIO. IPSARVM. — Lamey. l. c. 64.

Oberhalb der Inschrift, auf der eigentlichen Tafel der Ara sind, in er-

ginehae[101]) und Afliae[102]). Letztere drei mit Abbildungen.

In dem Central-Museum zu Cöln wird auch eine, den Diginibus geweihte Ara, — ohne Zweifel, wie die übrigen, in nicht weiter Ferne gefunden, — aufbewahrt[103]).

Von Birten (bei Xanten) besitzt das Museum zu Bonn einen Altar der Dea Hludana, welcher eine Schutzgöttin des, in der Nähe ihres Fundortes gelegenen Lüddingen zu bezeichnen scheint[104]). Den Matribus Quadruburgicis war gleichfalls in der Nähe von Xanten eine Ara geweiht[105]). Quadriburgium ist schon aus Ammian. Marcell. (18. 2.) bekannt.

---

habener Arbeit, drei sitzende Frauen mit vollen Apfelkörben auf dem Schoosse angebracht; wovon wieder die mittlere unbedeckt ist, die beiden andern aber die gewöhnlichen turbanartigen Mützen tragen. An beiden Seiten befinden sich Opfernde.

101) MATRONIS || AXSINGINEHIS || M. CATVLLINIVS || PATERNVS || V. S. L. M. — Lersch. I. 18.

„Unter einer frontartigen Verdachung, am äussern Ende mit Schneckenrollen, erscheinen drei, in einer muschelförmigen Nische auf einem zierlichen Ruhebett sitzende weibliche Figuren, deren auf den Schooss gelegte Hände mit demjenigen, was sie darin hielten, zerstört sind. Die Mittlere ausgenommen, haben sie eine breite wulstige Kopfbedeckung. Um den Hals sind sie mit Ringen, die gleich einer Bulle anhängen, geschmückt. An den Seiten des Steines zeigen sich zwei, mit kurzen Leibröcken (wovon die Kaputze zurückgeschlagen) bekleidete Jünglinge; wovon der eine einen Krug, der andere einen Becher in der Hand hält“.

102) MATRONIS || AFLIABVS || M. MARIVS || MARCELLVS || PRO. SE. ET. SVIS || EX. IMPERIO. IPSARVM. — Lersch. I. 19.

„Drei, den vorigen (N. 18.) sehr ähnliche Figuren, in einer frontlosen Nische. Auf den Seitenwänden zwei Opferdiener; der eine mit einem kraterähnlichen Trinkgefäss, der andere mit einem Fruchtkorb“. Das.

103) DIGINIBVS || SACRVM || SEX(tus). COMMINIVS || SACRATVS. ET || CASSIA. VERA || EX. IMP. IPS. — Lersch. I. 27.

104) Cannegieter, de Brittenburgo. p. 31.

105) MATRIBVS || QVADRVBVRG || ET. GENIO. LOCI || SEP. FLAVIVS || SEVERVS || VET. LEG. X. G. P. F || V. V. TEMPLVM || CVM. ARBORIBVS || CONSTITVIT. — Monterberg, prope Xanten. Orelli. 2090.

Eine Martia bei Cleve[106]) hat schwerlich eine andere Bedeutung, als die Melia bei Cassel, die Sandrauga zwischen Antwerpen und Breda u. s. w. [107]); und die Matres Mopates bei Nimwegen reihen sich auf das bestimmteste an die topischen Gottheiten an [108]). Dasselbe ist auch bei den Matribus Frisavis der Fall [109]). Den Kreis derselben schliefst die vielbesprochene Dea Nehalennia auf Seeland.

Als Dea Nehæa soll sie schon am Unterrhein vorkommen [110]). Diese abgekürzte Namensform wäre um so bemerkens-

---

106) MARTIAE || SACRVM || LEG. EX || VISV || T. C. L. F || V. S. L. L. M. — Lersch. II. 32. — Martiæ sacrum legatum (?) ex visu Titi Caji Lucii Filii. Votum solvit lætus lubens merito.

107) Die Ara der bis dahin völlig unbekannten Sandrauga wurde i. J. 1813, beim Ziehen eines neuen Strassengrabens, unfern des Dorfes Zandert oder Zundert, aufgefunden. Dieselbe misst in der Höhe 4 Fuss, in der Breite 2½ Fuss. Die Inschrift lautet:

DEAE || SANDRAVGAE || CVLTORES || TEMPLI.

Auf jeder Seite befindet sich ein Füllhorn mit Früchten. Das Uebrige giebt der Berichterstatter mit Folgendem an:

„Le dessus de l'autel est la partie la plus intéressante, en ce que l'emblème qui y est placé peut donner quelque idée de la nature du culte et des attributs de la déesse Sandraugia; cet emblème est un phallus sculpté en relief, et un peu plus grand que nature etc. etc.“ Mém. des Antiq. de Fr. I. 439 sqq.

108) MATRIBVS || MOPATIBVS || SVIS || M. LIBERIVS || VICTOR || CIVES || NERVIVS || NEG. FRV || V. S. L. M. — In Lapide Noviomagensi anno 1669. ad ripam fluminis eruto. Smet. Antiq. Neom. p. 91 sqq.

109) MATRIBVS || FRISAVIS || PATERNVS. — In Batavia. Ex Cupero. Murat. MCMLXXXV. 3.

110) DEAE. NEHAEE || ERIATTIVS. IVCVN || DI(us? vel di. fil?) PRO. SE. ET SVIS || V. S. L M. — Tuitii prope Col. Agr., in lapide, cui utrimque adsculptum Cornucopiæ. Grut. LXXXIX. 1.

Die hier mitgetheilte Inschrift scheint, wie die übrigen (wovon sogleich) nach Seeland zu gehören und von da, — wie dieses auch mit andern der Fall war, — weggebracht worden zu sein. Man legte vielleicht weniger Ge-

werther, als sie offenbar die ursprüngliche, daher auch die entscheidende ist, die erst nachmals in verschiedene Zusammensetzungen übergieng. Dafs sie nur aus der Sprache des Volkes, welches die Denkmale setzte, erklärt werden darf; versteht sich von selbst.

In den noch lebenden Dialekten der keltischen Sprache aber heifst néza oder néa spinnen [111]); folglich haben wir es hier mit einer Göttin, die Spinnerin ist, zu thun. Dieser Begriff bleibt sich natürlich auch in den Zusammensetzungen des Wortes gleich. Daher dürfen wir wohl ohne Anstand die bisherigen Vacalli-Nehæ als die Spinnerinnen von Wachela, die Ruma-Nehæ als jene von Rumana, die Axsingi-Nehæ, als jene von Axinga u. s. w. erklären. Der topische Begriff, als der für die Unterscheidung des Monumentes wichtigere, geht voran.

Anders ist es bei der Dea Nehalennia selbst der Fall, von welcher i. J. 1647 eine Menge Altäre mit Bildern und Namen, an der Küste der Insel Walcheren, in der Nähe von Domburg, — bei ungewöhnlich niederm Meeresstande, — entdeckt wurden [112]).

---

wicht darauf, weil sie schlecht erhalten und von keinem Bilde begleitet war. Es scheint daher auch hier NEHALENNIAE zu lesen zu sein.

111) „Néza, Filer, faire du fil. — Gand ar c'harr è oar néza; elle sait filer au rouet. — Lin eo a nézann; c'est du lin que je file. — Likit-hen da néza kôlô; faites-lui tordre de la paille. En Cornouailles, néa. En Vannes, néein". Le-Gonidec, dict. de la langue celto-bretonne.

112) 1. DEAE. NEHALENNIAE || OB. MERCES. RECTE. CONSER || VATAS. M. SECVND. SILVANVS || NEGOTIATOR. CRETARIVS || BRITANNICIANVS || V. S. L. M. — Domburgi in Zelandia. — Or. 2029. — Wo nichts weiter bemerkt ist, sind die Inschriften von den Kupfertafeln in: Ol. Vredii histor. Com. Flandr. Tom. I. Additions XLIV etc. genommen. — 2. DEAE || NEHALENNIAE || SVMARONIVS || PRIMANVS || V. S. L. M. — An den Seiten der Ara Füllhörner. — 3. DEAE || NEHALENNIAE || M. TARINVS || PRIMVS. EX. VOTO || SVSCEPTO. L. M. — Die Göttin sitzend, rechts und links von ihr Gefässe mit Früchten. — 4. DEAE || NEHALENNIAE. — Sitzende Figur, links Gefäss mit Früchten. — 5. DEAE || NEHALENNIAE || L. FESTIVS || PRIMVS.

Daſs hier der Begriff der Spinnerin als der wichtigere behandelt wird und voransteht, dürfte schon vorhinein den Wink geben, daſs

---

V. S. L. M. — Göttin sitzend, den Fruchtkorb auf dem Schoosse, ohne Hund. — 6. DEAE || NEHALENNIAE. — Darstellung, ebenso. — 7. DEAE || NEHALLEN || NIAE. C. EXOM || NIANIVS. VERVS || D. D. — Ebenso. — 8. DEAE || NEHALENNIAE. — Göttin gleich, rechts von ihr ein Hund. — 9. DEAE || NEHALENNIAE || SEXT. NERTOMA || RIVS. NERTONVS || V. S. L. M. — Göttin sitzend, die Hände unter dem Gewande. Links ein Hund, rechts ein Fruchtgefäss. Zur Seite der Ara Hercules. — 10. NEHALEN. — Göttin sitzend, einen Fruchtkorb auf dem Schoosse und ein Gefäss mit Früchten zur linken Seite; rechts der Hund. Auf der Seitenwand Hercules. — 11. DEAE || NEHALENNIAE || DACINVS. LIFFIONIS || FILIVS. V. S. L. M. — Darstellung gleich. — 12. DEAE || NEHALENNIAE || FLETTIVS. GENNALONIS || PRO. SE. ET. SVIS || V. S. L. M. — Darstellung der Hauptsache nach gleich. Nur schweben hier von der Decke herab zwei Genien mit Palmzweigen. Auf der Seitenwand, Neptun. — 13. DE || N || MASSOM. SAELVS (? — Salvus?). Q. B. — Göttin, auf dem Vordertheil eines Schiffes stehend, die Hände mit dem Gewande bedeckt, rechts der Hund mit Halsband. — 14. DEAE || NEHALEN || NIAE... N. N || IME... || V. S. L. M. — Stehende Figur den linken Fuss auf eine gebrochene canellirte Säule gestützt, im linken Arme einen Fruchtkorb; rechts der Hund mit Halsband. Auf der Seitenwand Neptun. — 15. NEHALENNIAE || L. IVSTIVS. SATTO. ET || L. SECVNDINIVS. MODERATVS || FRATRES. V. S. L. M. — Göttin stehend, das Obergewand über den linken Arm aufgeschlagen, die rechte Hand auf den Rücken gelegt. Rechts der Hund. An den Seitenwänden Neptune. — 16. Ara, ohne Inschrift. Göttin wie N. 15. Vor ihr eine Mutter, die ihr ein Kind vorstellt. Auf der Seitenwand, wie es scheint, ein Handelsmann. — 17. Ara, sehr beschädigt. Auf der Hauptfläche sind nur noch Umrisse einer sitzenden Figur; auf der Seitenwand jene eines Mannes sichtbar, der auf einem Stocke über der Achsel, wie es scheint, einen Hasen trägt. Bis hieher aus Vredius. — 18. DEAE || NEHALENNIAE || SERVATVS || THERONIS. FILIVS || V. S. L. M. — In pago Steenhove. Keysler, antiqq. septentr. et celt. P. 248. — 19. DEAE || NEHALENNIAE || IANVARIVS. AMBACTHIVS || PRO. SE. ET. SVIS. V. S. L. M. — Middelburgi. Idem. 249. — 20. DEAE || NEHALENNIAE || ASCATTINIVS || RASVCO || V. S. L. M. — Trajecti ad Rhenum. Id. 250. — IN. H. D. D || DEAE. NEHALENNIAE || M. SATVRNIVS || EVPVLVS. IIIIII. VIR || AVG. PRO. SE. ET || SVIS. V. S. L. M. — Bonnæ.

wir es in der zweiten Hälfte des Wortes mit keiner localen Bedeutung mehr zu thun haben. Wirklich heifst noch jetzt in den keltischen Dialekten Léan, der Mönch, und Léanez die Nonne, daher ursprünglich die Jungfrau [113]); folglich dürften wir es hier mit der: spinnenden Jungfrau, oder, — jenen weiblichen Wesen dieser Art in bevölkerten Landstrichen (wovon sie den Namen führen) gegenüber, — mit einem solchen zu thun haben, das, in Gesellschaft seines Hundes, am abgelegenen Strande einsam hausete, und zumal den Seefahrern in der Noth von Nutzen war.

Die Darstellungen der Nehalennia sind ziemlich gleichförmig; entweder sitzt sie mit einem Korbe voll Obst (wie es scheint Aepfel) auf dem Schoofse, oder auf beiden Seiten, oder auf einer Seite und einem Hunde auf der andern; oder sie steht, gewöhnlich ohne Obst, aber den Hund zu den Füfsen. Sie trägt ein langes Unter- und Oberkleid und darüber noch einen Kragen der vorn mit einem Knopfe geschlossen ist. Ihre gescheitelten Haare treten unter einer Art von Haube hervor, wie solche noch jetzt von Bäuerinnen in Nord-Holland getragen werden soll [114]). Im Stehen sind öfter Arme und Hände unter dem Mantel verborgen. Als Verzierungen kommen auf den Aren, Füllhörner, Gefäfse mit Früchten, Reben mit Trauben, das Vordertheil eines Schiffes, Genien und Arabesken vor. Die ihr auf den Seitenwänden beigesellten Götter sind Neptun und Hercules; auf einer Ara führt eine Mutter ihre Tochter der Göttin

---

Gercken, Reisen. III. 337. — Or. 3912. — 22. DEAE NEHALENNIAE || AMMACIVS. HVCDION. V. S. L. M. — Lugd. Bat. Oudendorp. p. 12. Or. 2031. — 23. DEAE || NEHALENI || AE. T. FLAVI || FORTVNAT || LIB || PRIMITIVS || V. S. L. M. — Ibid. Mém. de l'Acad. celt. I. 204. — 24. DEAE. NEHA || LENNIAE || T. CALVISIVS || SECVNDINVS || OB. MELIORES. ACTVS. — Lutet. Paris. Lenoir. Tab. III. 6. — Or. 2030.

113) „Léan, Moine, Religieux, Eremite, Solitaire. Ce substantif masculin n'est plus en usage aujourd'hui; mais on le retrouve dans son féminin Léanez, et dans les composés Leandi, Couvent, Morlean etc. etc. — Da Léanez eo éad he merc'h; sa fille s'est faite religieuse etc." Le-Gonideo l. c.

114) Mém. de l'Acad. celt. I. 199 sqq.

zu, während der auf der Seitenwand angebrachte Vater, ein Handelsmann zu sein scheint u. s. w. Die Steine selbst, auf denen keine rein-römischen Namen vorkommen, scheinen meistens von Seefahrern gesetzt; und zwar in der Zeit zwischen Vitellius und Tetricus (welcher Letztere i. J. nach Chr. 268 in Gallien zum Kaiser ausgerufen wurde), da nebst den Aren auch eine vollständige Münzreihe aus dieser Periode zum Vorschein kam[115]).

Rückblick und Uebersicht.

1) Die sprechenden Denkmale, wovon die Rede war, gehören gleichfalls dem keltischen Grund und Boden, und, — bis auf wenig Ausnahmen, — demselben in ihrer Art ausschliefslich an. Zu den früher behandelten stummen Monumenten (Feenschlössern u. s. w.) verhalten sie sich in der Weise, dafs sie, — ohne den vaterländischen Boden zu verlassen, — dieselben gewissermassen umschliefsen und dadurch von denselben den Uebergang zu den nationalen Denkmalen anderer Völker bilden. In solcher Weise ziehen sie sich durch Spanien (besonders den nördlichen Theil desselben), durch Nord-Italien ostwärts bis nach Ungarn, und kehren sodann wieder durch die südlichen und östlichen Provinzen von Frankreich, durch die Schweiz, die alten Zehendlande längs der Donau und des Rheines, nach Belgien und Süd-Holland, so wie nach England zurück.

Das innerste Heiligthum und Asyl des Keltenthums, — wo der Cultus in stummen Denkmalen fortlebte, — wie die Bretagne, Hochschottland und Irland, wird eben so wenig von ihnen berührt; als sie sich, — so viel wenigstens bis jetzt bekannt ist, — rückwärts über das eigentliche Gebiet der Römerherrschaft hinaus verlieren. Vielmehr halten sie sich an Strafsen-

---

[115]) Auch diese Münzen, nebst drei Aren des Jupiter und Neptun, dem Kopfe einer Statue und einigen Vasen, wovon auf einer eine Hirschjagd dargestellt ist, sind bei Vredius a. a. O. abgebildet.

züge und Niederlassungen jeder Art, die von den Römern unter den Kelten, entweder begründet oder verbessert und gehoben wurden.

2) Auf diesem, ursprünglich keltischen Boden, sind diese Denkmale ohne Sonderung verbreitet. Junonen wechseln mit Matronen ab, am Po, im Rhonethal und am Unterrhein; Nymphen sind Herrinnen in den Pyrenäen und Karpathen; Suleven umschweben den Genfersee, die Altmühl und die March; Mairen und Mütter werden von den Briganten, Gallatiern, Vocontiern, Senonen, Pannoniern, von den Decumaten und Belgiern verehrt. Ohne Zweifel defshalb, weil auch die Vorstellungen, welche diesem Culte zum Grunde liegen, als national, allgemein verbreitet waren. Dennoch herrschen die Junonen unverkennbar in der, dem römischen Einflusse am längsten ausgesetzten Gallia cisalpina vor; während die Faten, — wenn auch daselbst, — doch zugleich in den Pyrenäen (überhaupt in der Wiege der romanischen Sprachen) ihren Sitz haben; und die Mairen und Matronen sich an den, — von fremdem Einflusse weniger berührten', — Norden halten.

Nicht minder ist es aber auch für diese weiblichen Wesen und deren Cult charakteristisch, dafs sie, — bei aller Verbreitung und Vermengung in den entferntesten Gegenden, — dennoch stets eine topische Bedeutung annehmen; daher auch, solcher gemäfs, nicht nur unbestimmte Bezeichnungen der Heimathlichen, Eigenen u. s. w. (Domesticæ, Suæ etc.), sondern ausdrückliche Beinamen von Völkerschaften, Districten und Gemeinden erhalten. Hienach reihen sie sich wieder unverkennbar an jene zahlreichen Local-Gottheiten an, die man schon längst als eigenthümlich keltische anzuerkennen gewöhnt ist [116]).

3) Wie in Ausbreitung und Namen (in Letzterm häufig

---

[116]) Man erinnere sich, um nur ein Paar Beispiele aufzuführen, an die: Dea Celeia, Solimara, Campena, Sirona, Bibrax; an den Deus Luxovius, Vosegus, Visucius u. s. w.

miteinander abwechselnd) so stimmen die, auf solchen sprechenden Monumenten vorkommenden Gottheiten auch in dem Typus der Darstellung überein.

Gewöhnlich sind es, der heiligen Zahl nach, drei; nur selten eine einzige. In ihrem Anzuge halten sie sich an die Landestracht, welche sich theilweise noch jetzt bei dem gemeinen Volke nachweisen läfst. Von den Matronen hat nur die erste und dritte die allgemein übliche turbanartige Kopfbedeckung; während die mittlere kleiner und ohne solchen Wulst erscheint. Sollte nicht hiedurch die Jungfrau in der Mitte verehlichter Frauen bezeichnet und eben dadurch das jungfräuliche Princip in diesem Cult besonders herausgehoben sein?

Die beigegebenen Symbole verrathen nichts eigenthümlich Städtisches, noch weniger Militärisches. Dagegen deuten Füllhörner, Aehrenbüschel, Vasen, Teller und Körbe mit Früchten, Weinreben, Blumen u. s. w. auf ländlichen Reichthum und Segen. Ausnahmsweise erscheinen als begleitende Götter: Hercules, der über den Reisenden zu Lande, und Neptun, der über den Seefahrern waltet. Eine von ihrer Mutter vorgestellte Tochter, verräth den Antheil, welchen die Göttinnen an der Erziehung und Bildung des Kindes nehmen.

4) Auf den Inschriften werden diejenigen, denen sie gewidmet sind, als Deæ, Augustæ, Sanctæ, auch als Heræ und Dominæ ausgezeichnet. Die Weihgaben werden zur Anerkennung edler Handlungen (ob meliores actus), oder wegen schon genossenen oder noch zu hoffenden Schutzes, oder mit dankbarer Erinnerung an die in der fernen Heimath Verehrten u. s. w. von Einzelnen, oder ganzen Familien und Truppen-Abtheilungen dargebracht. Gewöhnlich bestehen dieselben in einer Tabula oder Ara, die auch mit einem eingefriedeten Stücke Feldes umgeben ist (ager ex macerie circumductus); oder in einem, bisweilen mit Bäumen versehenen, kleinern oder gröfsern Heiligthum (Aedes cum ara, Fanum, templum cum arboribus), womit wohl auch eine

Halle mit Lagerstellen oder Bänken (Porticus cum accubito, cum discubitione), und ein Häuschen für den Aufseher (Custodiarium) in Verbindung steht [117]).

Als eigenthümlich erscheinen die häufig wiederkehrenden Formeln, aus Befehl, Erscheinung (ex imperio Ipsarum, ex visu), welche darauf hindeuten, dafs zur Entrichtung des Weihgeschenkes, nicht ein innerer Antrieb allein, oder ein gewöhnliches Gelübde (auch die Formel, ex voto ist nicht selten), sondern eine Vision Veranlassung gab. Zwar läfst sich dabei auch an eine wirkliche Erscheinung am Tage denken; dennoch dürfte ein nächtliches Traumgesicht hier um so mehr vorzuziehen sein, als es ohnehin dem abergläubischen Kelten von jeher eigen war, das von ihm vergötterte Wesen, mit dem gespenstischen in Verbindung zu bringen.

5. Der Zeit nach gehören diese sprechenden Denkmale den ersten drei Jahrhunderten der christlichen Zeitrechnung, und zwar zum grofsen Theile der zweiten Hälfte dieser Periode an. Dafür sprechen manche Ausdrücke und die (zum Theil schon sehr abgekürzten und verschlungenen) Schriftzüge der Inschriften; dafür spricht auch Architektur, Zeichnung und Verzierung auf den Aren und deren Basreliefs. Diese Wahrnehmungen waren wohl hauptsächlich die Ursache, dafs von einigen Archäologen der Matronen-Cult selbst, erst in den Schlufs des zweiten Jahrhunderts (in die Regierungszeit des Septimius Severus) verlegt wurde. So viel ist jedoch gewifs, dafs dieser Cult, — wohl als Mysteriendienst, — schon früher in Rom und sogar am kaiserlichen Hofe selbst (bei Hadrian's unglücklicher Gemahlin, Julia

---

117) Könnten wohl jährliche Beiträge, wie nachfolgender, nicht bloss auf Cult und Tempel, sondern auch auf wirklich da und dort bestandene Frauen-Collegien (etwa mit Clausur oder Pensionat, wodurch sie den spätern Nonnenklöstern den Weg bahnten) bezogen werden? MATRIS (Mairis?). AVG. EX. S. STIPE. ANNVA. X. XXXV. ET. D.... — Murat. I. Epist. 123.

Sabina) Eingang gefunden hatte; daſs er aber auch von Sept. Severus Gemahlin, Julia Domna gepflegt wurde [118]).

Auch läſst es sich ermessen, daſs, nach dem blutigen Untergange des Druidenthums auf dem festen Lande, einige Zeit verstreichen muſste, ehe sich ein, dahin bezüglicher religiöser Cult, neuerdings öffentlich und zwar in geläuterter Gestalt über die keltischen Völker, — im Geheimdienste wohl auch darüber hinaus, — verbreiten konnte. Den jüngsten Zeitpunkt seiner öffentlichen Dauer in den heimathlichen Ländern, scheinen die Aren der Nehalennia und die dabei vorgefundenen Münzen, gegen Ende des dritten Jahrhunderts festzustellen.

6. Die Deutung dieser weiblichen Gottheiten und ihres Cultus, blieb lange Zeit unversucht, da man solche, als barbarischen Völkern angehörig betrachtete; und nur den Mythos der classischen Völker einer genaueren Untersuchung würdigte.

In Deutschland trat zuerst Keysler, mit zwei Abhandlungen, über die Göttin Nehalennia und über die prophetischen Weiber der alten Kelten und mitternächtlichen Völker hervor. Die Nehen erschienen ihm als Quellennymphen; in den Prophetinnen glaubte er zugleich auch noch örtliche Schutzgottheiten zu erkennen [119]).

In Frankreich machte Dom Martin (Religion des Gaulois) auf die übereinstimmenden Züge bei Mairen und Parcen aufmerksam; wurde aber deſshalb von Banier herb zurükgewiesen, der

---

[118]) Hieher gehören folgende Theile jener zusammengehäuften Inschrift, welche von Orelli. 805, nach Grut. X. 6. etc. etc. gegeben ist: SABINA. AVG || MATRONIS. — Scil. Gallicis illis Matronis. s. Matribus, quas honoratas ejusmodi titulo fuisse, etiam ab Sabina Augusta, nihil omnino vetat. Huic jam exolescenti (inscriptioni) subjunxisse videtur Julia Domna: IVLIA. AVG || MATER. AVGG. ET. CASTRORVM || MATRONIS || RESTITVIT.

[119]) „Illæ undarum præsides erant, Nymphæque commode possunt nominari; hisce quæ vivis ante ferebatur accepta urbium camporumque tutela, post mortem etiam credebatur commissa“. Antiquit. select. septentr. et celt. pag. 371 sqq.

sich von der herkömmlichen Vorstellung der Parcen, als unerbittlicher Schicksals- und Todesgöttinnen nicht lossagen konnte. Die Abhandlung dieses Letztern über die Göttinnen-Mütter (die er nur für ländliche Gottheiten, — Divinités champêtres, — bei verschiedenen Völkern hielt), blieb für lange Zeit um so mehr mafsgebend, als solche in den Schriften der französischen Akademie Aufnahme gefunden hatte [120]).

Mone, Geschichte des Heidenthums im nördlichen Europa [121]), entscheidet sich zwar für den keltischen Ursprung dieser Gottheiten; geht aber in seinen übrigen Behauptungen nur destructiv (zumal gegen Häffelin und Lamey; Acta Acad. Theod. palat. V et VI) zu Werke. „Alle diese Gottheiten, — sagt er, — sind bis jetzt unerklärt; mir wenigstens wollen die Auslegungen der Nehalennia durch nova luna, der Gesatenæ durch Saatgöttinnen, nicht einleuchten" u. s. w.

Barth über die Druiden der Kelten und die Priester der alten Deutschen [122]), wirft wieder alles untereinander, indem er, ohne Beweis, die Behauptung ausspricht: „Von allem dem ist nichts rein keltisch, und, wenn gleich keltische Worte und Begriffe mit erscheinen; so herrscht doch das Römische weit vor, welches mit seinem unerschöpflichen Aberglauben auch die unterjochten Länder erfüllte, und, wie aller Aberglaube ansteckte. So gab es auch Matres Pannoniorum et Delmatarum, Matres Galaicæ in Spanien; und es darf uns nicht befremden, im römischen Deutschland Namen zu finden, die local scheinen und mit den Ortsnamen nicht das mindeste gemein haben". (Wie viel Ortschaften sind nicht untergegangen deren Namen sich nur noch in irgend einer Inschrift erhielt? Wem wird es ferner noch jezt einfallen, Localnamen aus den, noch unter

---

120) Banier, sur les Déesses Meres. — Mém. de l'Acad. d. Inscript. X. 50 sqq.

121) Fortsetzung zu Creuzer's Symbolik und Mythologie der alten Völker. II. 348 ff.

122) Erlangen. 1826. S. 125.

den Römern von Galliern bewohnten Gegenden von Germanien, mit dem nächsten besten deutschen Dorfe aus späterer Zeit zusammen zu stellen?)

Lersch (Centralmuseum rheinländischer Inschriften. I. 23. ff.) bemerkt: „Dafs die Römer (warum nicht die eigentlichen Landesbewohner unter ihren Oberherren, den Römern?) in den hiesigen Landen, aufser den von Griechenland und Italien hergebrachten Hauptgottheiten (hatten denn die Landesbewohner gar keine; und zwar so religiöse Landesbewohner wie die Gallier?), noch einige minder angesehene, namentlich weibliche verehrt haben, ist eine allbekannte Thatsache. Man findet sie gewöhnlich auf Steinschriften unter dem Namen der Matres, Matronæ, Junones u. s. w."

Die Ursache dieser so sehr verschiedenen Deutungen liegt wohl darin, dafs man es seither versäumte, dabei auf die Nationalität und die eigensten Denkmale des Volkes selbst einzugehen, bei welchem diese weiblichen Wesen verehrt wurden. Sind Beide in der obigen Darstellung gehörig erkannt, so unterliegt es wohl kaum noch einem Zweifel: dafs derjenige Begriff, welchen die stummen Denkmale in eben so allgemeiner als ununterbrochener mündlicher Ueberlieferung (Tradition) ausdrücken; auch den Bezeichnungen der durch Inschriften sprechenden National-Denkmale (der Schrift) zum Grunde liegt; so verschiedenartig diese Bezeichnungen auch in fremder Sprache und in fremden Vorstellungsweisen, — denselben in Folge äufserer Umstände angepafst, — erscheinen mögen.

Hienach sind, an und für sich, die Spinnerinnen, Ammen, Lehrerinnen, Huldinnen, die schützenden Genien und die vergötterten Frauen, welche die stummen Felsbauten keltischer Vorzeit aufführten und bewohnten, mit einem Worte, die Feen, dieselben Wesen; welchen auf Steinschriften, als Junonen der Beistand für glückliche Entbindung in Weihgeschenken verdankt wird; welche als Faten mit freundlichen Symbolen ausgerüstet, Einzelner und wohl auch eines ganzen Landes und Reiches Schicksal beherrschen; welche als **Herrinnen**, **Matronen** und **Mütter** Gegenstand tiefer Verehrung, — auch bei dem Krieger in fernen Ländern, — sind; und sich als geheiligte **Nymphen** dem Gewühle späterer Städte entziehen, um in ländlicher und nächtlicher Stille, dem ursprünglichen **Mondculte** des keltischen Weibes, an Kreuzstrafsen, oder auf Bergen und in Wäldern obzuliegen.

Schluss.

Als das Christenthum bei den Kelten herrschend wurde, entzog es dem weiblichen Geschlechte dessen bisheriges Uebergewicht in dem nationalen Religions-Cultus, und wies demselben in Kirche und Schule eine untergeordnete Stellung an. Hiezu kamen noch die Einwanderungen germanischer Stämme, deren fremdartige Eigenthümlichkeit längerer Zeit bedurfte, um sich mit jener der Kelten zu einem neuen Ganzen zu durchdringen. So vergiengen Jahrhunderte, bis sich das altnationale Uebergewicht des Weibes wieder auf einer andern Seite herstellte. Endlich trat — unter bemerkbarem Einflusse germanischer Gemüthlichkeit — jene romantische Periode ein, welche die Dame des Herzens neuerdings zur Gebieterin erhob. Bis dahin fiel nur noch ein Wiederschein früherer Verherrlichung auf die Keltin zurück; wie das Druidenthum selbst, so hatte sich auch die Priesterin und Repräsentantin seiner weiblichen Gottheit überlebt.

Zwar kehrte das gemeine Volk, mit angeerbter Pietät immer wieder zu den Dolmen (Decksteinen, nun auch Cancelli genannt, der Vorzeit zurück. Daselbst zündete es nächtlicher Weile Lichter an, brachte Opfer dar, und pries die Luna als Herrin und deren Eingeweihte als Göttinnen.

Auch gröfsere Zusammenkünfte und Festgelage um die Menhirs (Bild- und Spindelsteine) wurden fortgesetzt.

Schon Cäsar hatte deren zahllose Menge in Gallien wahrgenommen, dieselben aber, — ohne ihre tiefere Bedeutung im Mysteriendienste zu durchschauen, — einem vorherrschenden Mercur-Cult, als Votivsteine zugeschrieben[1]).

---

[1]) Bell. gall. VI. 17. — So treffend Cäsar den religiösen Charakter seiner Feinde im Allgemeinen zeichnet, so mangelt ihm doch begreiflicher

Einen solchen Menhir in den Ardennen, wufste der hl. Wulphilaicus nur dadurch zu bewältigen, dafs er sich: — die Nichtigkeit der Diana, als eines blofsen Steines verkündend, — ihm gegenüber, so lange unverrückt auf eine Säule stellte, bis ihm die Nägel von den Zehen fielen und das Eis vom Barte in Zapfen herabhieng. Erst dann rissen Umwohner den Stein mit Stricken nieder und zerschmetterten ihn mit Hämmern [2]).

Gegen eine andere Feen-Spindel, die den Namen Ruth führte, am Ufer des Aveiron unfern von der Stadt Rodez, kämpfte der hl. Amandus. Es war um dieselbe eine Menge Menschen bei einem Festgelage versammelt; da trat der Heilige, während ein Gewitter am Himmel heraufzog, unter sie, und auf sein Gebet zerschmetterte der Blitz den Menhir [3]).

Das siegreichste Mittel aber gegen diesen Cult lag wohl darin, dafs, — nach christlich-kirchlichen Begriffen, — an die Stelle der Menhir's bei dem nächtlichen Geheimdienste auf den

---

Weise die Einsicht in deren Geheimdienst. Daher setzt er zwar ganz richtig den keltischen Belinus, als Apollo, an die zweite Stelle; räumt aber die erste, — die der keltischen Astrate, nämlich der Belisana, gebührt, — dem Mercur ein; von dem er „plurima simulacra“ zu sehen glaubt. Die Menhir's (Oben S. 18 ff.) allenthalben in Gallien, sind jedoch keine Hermen, nach römischen Begriffen; sondern nur in zusammengesetzter Form, als Doppel-Conus, dasselbe Symbol, welches — von einfacher Form, — Münter in seinen Bäthylien zusammengestellt hat.

Ueber die keltische Belisana, zugleich die thrakische Diana, behält sich der Verfasser dieses Aufsatzes, — aus heidnischen und christlichen Quellen, deren Letztere durchaus von wissenden Landeskindern herrühren, — eine besondere Abhandlung vor.

[2]) Gregor: Turon. Histor. VIII. 15. — Uebrigens ist der Cult der Diana Ardoinna, wie jener der Abnoba u. s. w. auch durch Inschriften belegt.

[3]) „Stabat, ingentem referens colossum
Saxeum, tota regione sacrum
Numen etc. etc.“

Gaujal, sur une Idole gauloise, appelée Ruth. Mém. d. Antiq. de Fr. IX. 61 sqq.

Bergen, das irdisch-böse Princip selbst, in persönlicher Gestalt trat, und an dessen Verehrung der Abfall von allem Heiligen geknüpft würde. Auf solche Weise verzerrte sich der uralte Naturdienst, der, die Wälder durchschwärmenden Diana, in einen verbrecherischen Sündendienst; zu dessen Vertilgung auch die Flammen des Scheiterhaufens mitwirken mussten. Ueber die Steine selbst aber, — wenn solche irgendwo zu colossal waren um zerschmettert zu werden, — sprach der Exorcist den Teufelsbann aus, und grub mitunter seinen Namen selbst mit dem Acte, in die Tafeln ein. So lesen wir noch heut zu Tage auf dem gewaltigen Feensteine (Roches-des-fées) des Ormont in den Vogesen: „A. D. 1555, die 2. Febr. J. D. E. Widenstein exorciavit hunc lapidem [*])."

Bei derartigen Begriffen und Vorgängen konnten, — zumal in den Augen des Fremden, — fortan nur von Gott abgefallene, fluchbeladene Hexen, solche Steine, im Zwielichte des Mondes, umkreisen; während, nach der angeerbten Pietät des Kelten, deren Erbauerinnen die Feen der Vorzeit, in der Tiefe walten, und dereinst wieder hervortreten werden, um die alte Saturnus-Zeit des Segens zurückzuführen.

---

[*]) „Cette année fut remarquable par le grand nombre de victimes, qui périrent sur le bûcher". Gravier, hist. de la ville épiscop. et de l'arrondiss. de Saint-Dié. Epinal. 1836. Page 227.

Zeitfracht Medien GmbH
Ferdinand-Jühlke-Straße 7
99095 Erfurt, Deutschland
produktsicherheit@kolibri360.de